BEI GRIN MACHT SICH IHR WISSEN BEZAHLT

- Wir veröffentlichen Ihre Hausarbeit, Bachelor- und Masterarbeit

- Ihr eigenes eBook und Buch - weltweit in allen wichtigen Shops

- Verdienen Sie an jedem Verkauf

Jetzt bei www.GRIN.com hochladen und kostenlos publizieren

Dante Alighieri

Das neue Leben

Bibliografische Information der Deutschen Nationalbibliothek:

Die Deutsche Bibliothek verzeichnet diese Publikation in der Deutschen Nationalbibliografie; detaillierte bibliografische Daten sind im Internet über http://dnb.d-nb.de/ abrufbar.

Dieses Werk sowie alle darin enthaltenen einzelnen Beiträge und Abbildungen sind urheberrechtlich geschützt. Jede Verwertung, die nicht ausdrücklich vom Urheberrechtsschutz zugelassen ist, bedarf der vorherigen Zustimmung des Verlages. Das gilt insbesondere für Vervielfältigungen, Bearbeitungen, Übersetzungen, Mikroverfilmungen, Auswertungen durch Datenbanken und für die Einspeicherung und Verarbeitung in elektronische Systeme. Alle Rechte, auch die des auszugsweisen Nachdrucks, der fotomechanischen Wiedergabe (einschließlich Mikrokopie) sowie der Auswertung durch Datenbanken oder ähnliche Einrichtungen, vorbehalten.

Impressum:

Copyright © 2008 GRIN Verlag GmbH
Druck und Bindung: Books on Demand GmbH, Norderstedt Germany
ISBN: 978-3-640-21334-4

Dieses Buch bei GRIN:

http://www.grin.com/de/e-book/118752/das-neue-leben

GRIN - Your knowledge has value

Der GRIN Verlag publiziert seit 1998 wissenschaftliche Arbeiten von Studenten, Hochschullehrern und anderen Akademikern als eBook und gedrucktes Buch. Die Verlagswebsite www.grin.com ist die ideale Plattform zur Veröffentlichung von Hausarbeiten, Abschlussarbeiten, wissenschaftlichen Aufsätzen, Dissertationen und Fachbüchern.

Besuchen Sie uns im Internet:

http://www.grin.com/

http://www.facebook.com/grincom

http://www.twitter.com/grin_com

Dante Alighieri

Das neue Leben

[Entstehungsdatum 1293, Originaltitel „La Vita Nuova",
aus „Die unbekannten Meister - Dantes Werke",
erstmalig erschienen 1922]

Inhaltsverzeichnis

Kapitel 1 4

Kapitel 2 4

Kapitel 3 5

Kapitel 4 8

Kapitel 5 9

Kapitel 6 10

Kapitel 7 10

Kapitel 8 11

Kapitel 9 13

Kapitel 10 15

Kapitel 11 15

Kapitel 12 16

Kapitel 13 19

Kapitel 14 21

Kapitel 15 23

Kapitel 16 24

Kapitel 17 25

Kapitel 18 26

Kapitel 19 27

Kapitel 20 30

Kapitel 21 31

Kapitel 22 32

Kapitel 23 34

Kapitel 24 40

Kapitel 26 41

Kapitel 27 43

Kapitel 28 44

Kapitel 29 45

Kapitel 30 46

Kapitel 31 47

Kapitel 32 47

Kapitel 33 50

Kapitel 34 51

Kapitel 35 53

Kapitel 36 54

Kapitel 37 55

Kapitel 38 56

Kapitel 39 57

Kapitel 40 59

Kapitel 41 60

Kapitel 42 62

Kapitel 43 63

Kapitel 1

In jenem Teil des Buches meiner Erinnerungen, vor dem nur weniges zu lesen sein würde, findet sich eine Überschrift, die da lautet: Incipit vita nova (Hier hebt das neue Leben an). Darunter finde ich die Worte geschrieben, die ich in diesem Büchlein, wo nicht vollständig, doch ihrem Inhalte nach zu verzeichnen gedenke.

Kapitel 2

Neunmal schon nach meiner Geburt war der Himmel des Lichtes gemäß dem ihm eigenen Kreislauf beinahe zu derselben Stelle zurückgekehrt, als meine Augen zum ersten Male die glorreiche Fraue meiner Seele erschien, die von vielen, die sie nicht anders zu nennen wußten, Beatrice genannt ward. Sie war so lange schon in diesem Leben, daß seit ihrer Geburt der Sternenhimmel um ein Zwölfteil eines Grades gegen Morgen vorgerückt war, also daß sie mir gegen den Anfang ihres neunten Jahres erschien, und ich sie fast am Ende meines neunten erblickte. Und sie erschien mir angetan mit einem Kleide von herrlicher, demütig-ehrbarlicher, blutroter Farbe, umgürtet und geschmückt, so wie es ihrem kindlichen Alter geziemte. Im selben Augenblick – also sag' ich der Wahrheit gemäß – geschah es, daß der Geist des Lebens, der in der verborgenen Kammer des Herzens wohnt, so heftig zu erzittern begann, daß er sich in kleinsten Pulsen schrecklich offenbarte; und zitternd sprach er die Worte: Ecce deus fortior me; veniens dominabitur mihi (Siehe ein Gott, stärker denn ich; er kommt und wird über mich herrschen). Zu gleicher Zeit begann der empfindende Geist, der in derjenigen Kammer wohnt, wo alle sinnlichen Geister ihre Wahrnehmungen zutragen, sich sehr zu verwundern, und indem er sich insbesondere an die Geister des Gesichtes wandte, sprach er folgende Worte: Apparuit jam Beatitudo nostra (Unsere Seligkeit ist jetzt erschienen). Zur selben Zeit hub auch der natürliche Geist, der in jenem Teile seinen Sitz hat, wo unsere Nahrung bereitet wird, zu weinen an und sagte tränenüberströmt also: Heu miser! quia frequenter impeditus ero deinceps (Ach ich Armer! Denn häufig werde ich hinfort behindert sein)! Von Stund' an, sage ich, war Frau Minne Herrin meiner Seele. Und so schnell war diese ihr zu eigen, so völlig gewann jene durch die Macht, die meine Einbildungskraft ihr verlieh, sichere Herrschaft über mich, daß ich ganz und gar alles tun mußte, was ihr genehm war. Sie befahl mir zu vielen Malen, daß ich suchen sollte, dies jugendliche Englein zu sehen; deshalb ging ich oftmals in meinem Knabenalter aus, sie zu suchen, und ich sah sie so wohlgeartet, fand ihr Gebaren so löblich, daß man fürwahr jenes Wort des Dichters Homer von ihr sagen konnte: „Nicht von sterblichen Menschen, von einem Gotte geboren schien sie." Und obschon durch ihr Bild, das immerdar mit mir war, Frau Minne sich erkühnte, mich zu beherrschen, so war es doch so edler Art, daß es jener niemals gestattete, mich ohne den getreuen Rat der Vernunft in Dingen zu leiten, in denen es heilsam ist, auf deren Rat zu hören. Doch da der Sieg über Leidenschaften und Handlungen in so früher Jugend ein Märlein scheint (was ich aus dem Buch, daraus das Obige genommen ist, entlehnen könnte), so wende ich mich zu jenen Worten, die in meinen Erinnerungen unter höheren Paragraphen verzeichnet sind.

Kapitel 3

So viel Tage waren hiernach vergangen, daß gerade neun Jahre nach dem oben gedachten Erscheinen der Holdesten erfüllt waren, da geschah es am letzten dieser Tage, daß die bewunderungswürdige Herrin, in reinstes Weiß gekleidet, inmitten zweier edlen Frauen von vorgerückterem Alter mir zu Gesichte kam. Und indem sie des

Weges dahinging, wendete sie die Augen nach dem Orte, wo ich in großem Zagen stand, und vermöge ihrer unaussprechlichen Freundlichkeit, die nun in jener besseren Welt den Lohn gefunden, grüßte sie mich so tugendlich, daß ich das Endziel aller Seligkeit zu sehen vermeinte. Die Stunde, wo ihr süßester Gruß zu mir gelangte, war genau die neunte jenes Tages. Und weil dies das erstemal war, daß ihre Worte zu meinen Ohren den Weg genommen, überkam mich ein solches Wohlgefühl, daß ich wie berauscht mich von den Menschen hinweg in die Einsamkeit meiner Kammer flüchtete und mich dort niederließ, um der Holdseligsten zu gedenken. Und indem ich ihrer gedachte, beschlich mich ein sanfter Schlummer, und in ihm erschien mir ein wunderbarliches Gesicht.

Denn es war mir, als sähe ich in meinem Gemach eine feuerfarbene Wolke, und ich unterschied in ihr die Gestalt einer Frau von erhaben-furchtbarem Ansehen für jeden, der sie erblickte. Aber sie selbst schien so voller Freudigkeit, daß es gar wunderbarlich anmutete. Und in ihren Worten äußerte sie vieles, was ich nicht verstand; nur weniges verstand ich deutlich, darunter die Worte: Ego domina tua (Ich bin deine Herrin). In ihren Armen glaubte ich ein schlafendes Frauenbild zu sehen, das nackt oder doch nur leicht von einem blutfarbenen Schleier umhüllt war, und als ich recht darauf hinschaute, erkannte ich, daß es die Herrin des Heils war, die mich tags zuvor ihres Grußes gewürdigt hatte. Minne aber, schien es, hielt in der einen Hand etwas, das über und über brannte, und es war mir, als sagte sie zu mir die Worte: Vide cor tuum (Siehe da dein Herz). Und nachdem sie eine kurze Weile gestanden, erweckte sie – so schien es mir – die Schlummernde und bot all ihre Kunst auf, daß sie diese bewegte, das, was in der Hand ihr brannte, zu essen. Und diese aß es schließlich nach einigem Bedenken. Danach verweilte Minne nicht lange; denn ihre Freudigkeit verwandelte sich in bitterlichstes Weinen, und also weinend umschlang sie die Herrin abermals mit ihren Armen und ging mit ihr, wie es mir schien, von dannen gen Himmel; wovon mir so bange ward, daß mein schwacher Schlummer nicht dauern konnte: er brach und ich erwachte. Und unverweilt begann ich, dem nachzudenken, und fand, daß die Stunde, in der mir dies Gesicht erschienen, die vierte Stunde oder – was augenscheinlich gleichviel ist – die erste der neun letzten Stunden der Nacht gewesen war. Und in Gedanken an das, was mir erschienen war, beschloß ich, es viele, die zu jener Zeit berühmte Dichter waren, vernehmen zu lassen; und weil ich die Kunst, in Reimen zu sprechen, schon für mich selber versucht hatte, nahm ich mir vor, in einem Sonett alle Frau Minne Getreuen zu begrüßen, und indem ich sie bat, mir über das Gesicht, so ich gehabt, ihre Meinung zu sagen, schrieb ich ihnen, was ich im Traum gesehen, und begann alsbald dieses Sonett:

Hochherzige alle, denen, liebentglommen,
Vor Augen kommt hier dieses mein Gedicht,
Bei meiner Herrin Minne: gebt Bericht –
Wie dünkt euch drum? Und seid mir recht willkommen!

Des Bogens Drittel hatte schon erklommen
Die Zeit, in der erglänzt der Sterne Licht,
Da hatt' ich von Frau Minne ein Gesicht –
Noch macht es mich, denk' ich daran, beklommen.

Froh schien sie, hielt mein Herz in ihrer Hand,
Und meine Fraue hold, von ihr getragen,
Schlief ihr im Arm in schleirigem Gewand.

Sie weckte sie; das Herz dann, das entbrannt,
Gab sie zur Speise der demütig Zagen;
Und alsbald sah ich, wie sie weinend schwand.

Auf dies Sonett ward von vielen und in verschiedenem Sinne geantwortet. Unter ihnen war auch der, den ich den ersten meiner Freunde nenne, und er entgegnete mit einem Sonett, dessen Anfangsworte sind:

„Das Hehrste, dünkt mich, durftest du erschauen ..."

Und dies war gewissermaßen der Anfang der Freundschaft zwischen mir und ihm, als er erfuhr, daß ich es war, der jene Zuschrift ihm gesendet hatte. Keiner erkannte damals die eigentliche Bedeutung des obigen Sonetts; aber jetzt ist sie auch den Einfältigsten offenbar.

Kapitel 4

Seit diesem Gesicht sah sich mein natürlicher Geist in seiner Wirksamkeit gehemmt – denn meine Seele war dem Gedanken an jene Holdeste gänzlich dahingegeben – und in kurzer Zeit ward ich so hinfällig und schwach, daß mein Aussehen viele Freunde bekümmerte, während andere schon voll Neides sich mühten, das von mir zu erkunden, was ich der Welt ganz zu verheimlichen willens war. Als ich der böslichen Absicht ihrer Fragen inne ward, antwortete ich ihnen auf Minnes Geheiß, unter deren Gebot ich stand, und nach dem Rate meiner Vernunft: daß Minne es sei, die mich also bewältigt habe; und ich sagte ‚Minne', weil ich auf meinem Antlitz so viel Zeichen von ihr trug, daß es nicht mehr zu verbergen war; und als sie mich weiter fragten: „Für wen hat diese Minne dich also entstellt?" sah ich sie lächelnd an und erwiderte ihnen nichts.

Kapitel 5

Eines Tages nun ereignete es sich, daß die Holdseligste an einem Orte saß, wo Worte von der glorreichen Königin des Himmels zu vernehmen waren, und ich ebenda an einer Stelle mich befand, von wo aus ich sie, die meine Seligkeit war, erblickte. Und inmitten zwischen ihr und mir, in gerader Linie, saß ein edles Fräulein, die, verwundert über mein Hinblicken, das bei ihr als seinem Ziele zu endigen schien, oftmals nach mir herüberschaute, so daß solches von vielen bemerkt wurde. Und sie hatte dessen also acht, daß ich beim Hinweggehen nahe bei mir sagen hörte: „Siehe, wie dieses Fräulein Dem sein Leben zerstört!" Und als ihr Name genannt ward, erkannte ich, daß sie jene meinten, die in der geraden Linie zwischen der holdseligen Beatrice und meinen Augen der Mittelpunkt gewesen war. Da faßte ich wieder Mut; denn ich war nun gewiß, daß mein Geheimnis an diesem Tage keinem durch meinen Blick verraten worden war. Und sofort gedachte ich dies edle Fräulein mir zu einem Schirme der Wahrheit zu machen. Und ich ließ davon so viel sehen in kurzer Zeit, daß die meisten, so von mir sprachen, mein Geheimnis zu wissen vermeinten. Mit Hilfe dieser Dame verbarg ich einige Jahre und Monde meine Minne, und um die Leute in ihrem Glauben mehr zu bestärken, machte ich für dieselbe einige Kleinigkeiten in Reimen, die hier niederzuschreiben nicht meine Absicht ist, soweit sie nicht mit dem, was ich von meiner holdseligen Beatrice zu berichten habe, zusammenhangen. Und darum will ich von ihnen allen schweigen und nur einige Reime aufzeichnen, die ein Lob für diese zu sein scheinen.

Kapitel 6

Ich sage: Zu der Zeit, als dieses Fräulein mir ein Schirm so großer Liebe war, kam mir einstmals der Vorsatz, den Namen jener Holdseligsten zu feiern und ihm viele andere Frauennamen, insbesondere den jenes edlen Fräuleins zur Begleitung zu geben. Und ich nahm dazu die Namen von sechzig der schönsten Frauen jener Stadt, die der Allerhöchste meiner Herrin zur Heimat angewiesen, und verfaßte einen Brief in Form einer Serventese, den ich hier jedoch nicht niederschreiben will und dessen ich auch nicht gedacht haben würde, wenn sich nicht bei seinem Entwurfe das Wunderbare ereignet hätte, daß der Name meiner Herrin in keiner anderen Zahl als der neunten unter den Namen der übrigen Frauen anzubringen war.

Kapitel 7

Die Dame, unter deren Schutze ich so lange meine Neigung verborgen gehalten, sah sich nach der Zeit genötigt, besagte Stadt zu verlassen und in eine entferntere Gegend zu reisen. Beinahe erschrocken deshalb, daß ich so schöner Hilfe verlustig geworden, war ich ganz untröstlich, mehr, denn ich es selber je zuvor für möglich gehalten hätte. Und weil ich dachte, es möchten die Leute, wenn ich nicht mit einigen schmerzlichen Worten von ihrem Scheiden spräche, um so eher merken, daß ich etwas verhehlte, so faßte ich den Entschluß, darob in einem Sonett ein wenig zu klagen. Ich teile es mit, weil meine Herrin zu gewissen Worten, die darin vorkommen, die unmittelbare Veranlassung gewesen, wie dem einleuchten wird, der es versteht. Das Sonett aber, das ich sang, lautet also:

O die ihr wandelt auf Frau Minnes Stegen,
Merkt auf mein Tun und Regen
Und seht, wer je gleichschweres Leid getragen!
Nur eines fleh' ich: Hört mich an! – Dagegen
Mögt ihr dann überlegen,
Ob ich nicht Haus und Schlüssel aller Plagen.

Es gab – nicht meiner wen'gen Tugend wegen –
Nach ihrer Gnade Pflegen
Minne ein Leben mir, süß von Behagen,
Daß ich oft sagen hört' auf meinen Wegen:
„Um Gott! Durch welchen Segen
Mag Dem das Herz so leicht und fröhlich schlagen?"

Nun ist die kühne Freudigkeit vergangen,
Die eh' mir quoll aus reichem Liebesschreine;
Drob ich so arm mir scheine,
Daß mir, davon zu sprechen, muß erbangen.

Und nehm' ich meine Zuflucht dann zum Scheine,
Wie, wer ein Übel birgt, von Scham befangen,
Spricht Luft aus Aug' und Wangen,
Weil ich im Herzen mich verzehr' und weine.

Kapitel 8

Nach dem Weggange jenes edlen Fräuleins gefiel es dem Herrn der Engel, eine junge Dame von gar holdseligem Anblick, die in jener Stadt bei allen in hoher Gunst gestanden, zu seiner Herrlichkeit zu rufen, und ich sah ihren Leib, der entseelt dalag, umgeben von vielen Frauen, die alle bitterlichst weinten. Und ich, mich erinnernd, wie ich sie gesehen, als sie der holdseligsten Gesellschaft leistete, konnte mich der Tränen nicht enthalten; ich weinte und nahm mir vor, einige Worte auf ihren Tod zu sprechen, ihr zum Entgelt dafür, daß ich sie einmal mit meiner Herrin gesehen hatte. Und davon deutete ich einiges am Schlusse des Ganzen an, wie jedem sich deutlich zeigt, der meine Worte versteht. Und so dichtete ich damals folgende zwei Sonette, von denen das erste anhebt: „Weint, Liebende", und das zweite: „Verruchter Tod".

Weint, Liebende, denn Minne weint, und hört,
Warum ihr Antlitz Tränen reich betauen:
Minne vernimmt den Weheruf von Frauen,
Die, tränennaß, von bitterem Gram verzehrt.

Hat doch verruchter Tod anitzt verheert
Ein edles Herz mit seinem Werk voll Grauen.
Vernichtend, was lobwürdig nur zu schauen,
An einer Frau, die nie genug man ehrt.

Vernehmt, was Minne ihr zum Preis beschieden:
Ich sah sie laut und unverhohlen klagen
Beim toten Bilde, das so hold und schön.

Dann hob sie oft den Blick zu Himmelshöhn,
Wohin ihr Geist schon war emporgetragen,
Die einst so hold und anmutsvoll hienieden.

Verruchter Tod, dem nie darf nahn,
Des Schmerzes alter Ahn,
Du Urteilsspruch, so schwer und nicht zu fliehen,
Du hast dem wehen Herzen Stoff geliehen;
Drum will ich mich bemühen,
Zu schmähen dich auf düstrer Lebensbahn.

Und daß du nie magst ein'ge Huld empfahn,
Sei von mir kundgetan,
Wie Trug und Lug und Frevel dich durchglühen;

Nicht weil die Welt verkennt dein arg Bemühen, –
Nein, denen, die noch ziehen
Auf Minnes Pfad, zur Warnung vor dem Wahn.

Du hast die Anmut dieser Welt entrissen
Und was allein den Frauen Preis verleiht
In holder Jugendzeit:
Nun sollen holden Liebreiz wir vermissen.

Nicht lass' ich, wer sie war, in Worten wissen,
Ich künd' sie nur durch ihre Wesenheit.
Wer fern der Seligkeit,
Wird ewig ihrer auch entbehren müssen.

Kapitel 9

Einige Tage nach dem Tode dieser Dame trat ein Umstand ein, der mich nötigte, oben besagte Stadt zu verlassen und in die Gegend zu reisen, wo das edle Fräulein, die mein Schutz gewesen war, sich eben aufhielt, obwohl das Ziel meiner Reise nicht so entlegen war als der Ort, wo sie verweilte. Und wiewohl ich mich, wenigstens dem Anschein nach, in zahlreicher Gesellschaft befand, wollte mir dennoch die Reise nicht gefallen, so daß ich nicht einmal durch Seufzer mein Herz der Angst zu entladen vermochte darüber, daß ich mich von ihr, die meine Seligkeit war, entfernte. Und demzufolge trat die holdselige Frau Minne, die mich durch die edelste Frau ganz in ihrer Macht hatte, vor meine Einbildungskraft, einem Pilger gleich, leicht und in schlechte Gewande gekleidet. Sie schien mir sehr bekümmert und blickte zur Erde; nur von Zeit zu Zeit wandten sich, wie es mir vorkam, ihre Augen einem schönen laufenden, durch und durch klaren Gewässer zu, das längs des Weges, auf dem ich ging, dahinfloß. Es war mir, als rief mich Minne und spräche zu mir die Worte: „Ich komme von jener Dame, die lange Zeit dein Schutz gewesen ist, und ich weiß, daß ihres Wiederkommens nicht sein wird. Und darum habe ich das Herz, das du auf mein Geheiß bei ihr gelassen, an mich genommen und trage es zu einer, die dir ein Schirm sein wird, wie es die andere gewesen." Und sie nannte mir diese, also daß ich sie wohl erkannte. „Willst du aber", fuhr sie fort, „von dem, was ich zu dir gesprochen, etwas wiedersagen, so sag' es dergestalt, daß niemand daran erkenne, wie die Liebe, die du erst der einen gezeigt und nun einer anderen zeigen mußt, nur eine erdichtete sei." Und nachdem sie solches gesagt, verschwand urplötzlich die ganze Erscheinung; denn Minne hatte mir, wie mir dünkte, den größten Teil ihrer selbst gegeben. Und wie umgewandelt in meinem Aussehen ritt ich an diesem Tage, sehr gedankenvoll und von vielen Seufzern begleitet, weiter. Als aber der Tag vorüber war, begann ich davon folgendes Sonett:

Des Weges ritt ich jüngst und dacht' im Leide,
Daß ich die Fahrt nur ungern unternommen.
Da sah ich Minne mir entgegenkommen,
Den Leib umhüllt mit leichtem Pilgerkleide.

Ihr Äußres schien, als ob sie sich bescheide
In Armut, weil die Herrschaft ihr genommen,
Und seufzend schritt sie weiter und beklommen,
Gebückt, als ob sie alle Blicke meide.

Als sie mich sah, rief sie beim Namen mich
Und sprach: „Aus weiter Ferne komm' ich her,
Wo sich dein Herz befand durch meinen Willen.

Und bring' es, neue Lust dir zu enthüllen!"
Darob erfüllte Minne mich so sehr,
Daß ich nicht weiß, wie sie von hinnen wich.

Kapitel 10

Nach meiner Rückkunft machte ich mich auf, die Dame zu suchen, die mir mein Herr auf dem Wege der Seufzer genannt hatte. Und auf daß meine Rede kurz sei, sage ich bloß, wie ich sie alsbald zu meiner Schutzwehr machte, so daß nur allzu viele anders davon sprachen, als die feine Sitte gebietet, was mir oftmals schwere Gedanken erregte. Und dieser böse Leumund, der mir, schien es, zu argem Schimpf gereichte, war die Ursache, daß jene holde Fraue, die eine Zerstörerin aller Laster und eine Königin der Tugenden war, als sie einst an mir vorüberging, mir ihr süßestes Grüßen verweigerte, in dem meine ganze Seligkeit beruhte. Und indem ich hier auf ein kleines von dem, was zunächst meine Absicht ist, mich entferne, will ich zu erkennen geben, was ihr Gruß durch die ihm beiwohnende Kraft in mir bewirkte.

Kapitel 11

Ich sage denn, daß ich, wann sie von irgendeiner Seite her mir erschien, durch die bloße Hoffnung ihres wunderwürdigen Grußes keinen Feind mehr hatte; vielmehr durchdrang mich eine Flamme der Menschenliebe, die mich willfährig machte, jeglichem zu verzeihen, von dem ich irgend beleidigt worden wäre. Und so jemand von mir in solchem Augenblicke etwas verlangt hätte – meine Antwort wäre, mit einem Angesichte, gekleidet in Demut, bloß gewesen: Minne. Und wenn sie nun gar nahe daran war, zu grüßen, dann trieb ein Geist der Minne, alle die andern sinnlichen Geister vernichtend, die schwachen Geister des Gesichtes nach außen und sprach: „Geht und ehret eure Herrin!" Er aber blieb an ihrer Statt, und wer die Minne hätte kennenlernen wollen, hätte es zu solcher Zeit gekonnt, wenn er das Zittern meiner Augen betrachtete. Und wenn nun endlich dieser adeligste Gruß grüßte, so war dennoch Minne kein Hindernis, das mir die überschwengliche Seligkeit hätte verdunkeln können; vielmehr nahm diese, gleichsam durch ein Übermaß von Süßigkeit, solche Art an, daß mein Körper, der ganz und gar unter ihrer Herrschaft stand, sich oftmals nur wie ein schweres, seelenloses Ding bewegte. Und daraus erhellt offenbar, daß in diesem Gruße meine Seligkeit wohnte, eine Seligkeit, die oftmals weit über das Maß meiner Kräfte hinausging.

Kapitel 12

Zu meinem Gegenstande nun wieder zurückkehrend, sage ich: Als so meine Seligkeit mir verweigert ward, befiel mich ein solcher Schmerz, daß ich, dem Umgange der Menschen entsagend, hinausging, um an einsamer Stätte mit den bittersten Tränen die Erde zu baden. Und als ich von solchem Weinen ein wenig erleichtert war, verschloß ich mich in mein Kämmerlein, wo ich ungehört jammern konnte; und indem ich hier zu der Herrin aller Freundlichkeit um Erbarmung rief und sprach: „O Minne, hilf deinem Getreuen!" schlief ich, wie ein geschlagenes Kind, unter Tränen ein.

Ungefähr die Hälfte meines Schlafes mochte vergangen sein, da war es mir, als sähe ich nahe bei mir in meiner Kammer ein Wesen sitzen, jung, in glänzend weißem Kleide und sehr nachdenklich. Seine Blicke schienen nach mir gerichtet, dahin, wo ich lag; und nachdem es mich eine Weile betrachtet hatte, kam es mir vor, als rief' es mich mit Seufzen und spräche zu mir diese Worte: `Fili mi, tempus est, ut praetermittantur simulacra nostra` (Mein Sohn, es ist Zeit, daß wir unsere Einbildungen lassen). Da glaubte ich es zu erkennen; denn es rief mir in einer Weise, wie es mir schon früher zu vielen Malen in meinen Seufzern gerufen hatte. Und als ich es ansah, schien es mir voll Mitleids zu weinen und ein Wort von mir zu erwarten. Darum faßte ich Mut und begann also zu ihm zu sprechen: „Herrin du aller edlen Vollkommenheit, warum weinest du?" Und es sagte zur mir folgende Worte: Ego tanquam centrum circuli, cui simili modo se habent circumferentiae partes; tu autem non sic (Ich bin der Mittelpunkt des Kreises, zu dem sich in ähnlicher Weise die Teile des Umkreises verhalten; du aber bist nicht also).

Als ich hierauf seinen Worten nachdachte, schien es mir, als habe es sehr dunkel zu mir geredet, so daß ich mich anstrengte, abermals zu ihm zu sprechen. Und ich sagte also: „O Herrin, was ist das, was du redest in also dunkler Rede?" Und jenes versetzte in gemeiner Landessprache: „Frage nicht mehr, als dir gut ist." Und so begann ich mit ihm zu sprechen von dem Gruße, der mir verweigert worden, und ich fragte es nach der Ursache; worauf mir in dieser Weise von ihm geantwortet ward: „Jene unsere Beatrice vernahm von gewissen Leuten, als von dir die Rede war, daß der Dame, die ich dir auf dem Wege der Seufzer genannt habe, eine Kränkung widerfahren sei durch dich, und darum wollte die holde Fraue, die eine Widersacherin jeglicher Kränkung ist, dich ihres Grußes nicht würdigen; denn sie fürchtete, du möchtest auch sie kränken. Darum, weil ihr einiges von deinem Geheimnisse durch langen Verkehr gemäß der Wahrheit bekannt ist, will ich, daß du zuvor einige Worte sprechest, in denen du die Macht schilderst, die ich durch sie über dich ausübe, und ihr sagst, wie du alsbald von deinen Knabenjahren der ihrige gewesen seiest. Dessen mögest du die zum Zeugen anrufen, die es weiß, und hinzufügen, wie du sie gebeten, daß sie es ihr sage. Ich aber, die ich diese bin, werde gern mit ihr davon sprechen, und so wird sie deinen Willen merken und, wenn solches geschehen, wissen, was sie von den Worten jener betrogenen Menschen zu halten habe. Laß diese deine Worte nur mittelbar sein, also daß du nicht unmittelbar zu ihr redest; denn das würde sich nicht ziemen. Und sende sie nicht ohne mich an irgendeinen Ort, wo sie von ihr vernommen werden könnten; aber laß sie mit lieblichen Harmonien schmücken, in denen ich immer sein werde, sooft es not tut." Und als sie diese Worte gesagt, verschwand sie, und mein Schlaf war unterbrochen. Als ich mir nun alles zurückrief, fand ich, daß dieses Gesicht mir in der neunten Stunde des Tages erschienen war. Und ehe ich noch mein Gemach verließ, beschloß ich, in einer Ballade auszuführen, was mir mein Herr auferlegt hatte, und ich dichtete sodann folgende Ballade:

Erst finde, Lied, den Weg zu Minne hin,
Mit ihr sollst du zu meiner Fraue eilen,
Daß die Entschuldigung in deinen Zeilen
Ihr selbst vortrage die Gebieterin.

Liebreizend ziehest du, mein Lied, von hinnen:
Darfst keine Furcht verspüren,
Und machtest du den Gang auch ganz allein;
Doch willst ganz sicher du den Weg beginnen,
Laß dich von Minne führen,
Vielleicht taugt's nicht, ganz ohne sie zu sein;
Denn jene soll ihr Ohr dir willig leih'n.
Ist, wie ich fürchte, sie in Zorn entglommen
Und sieht sie dich dann ohne Minne kommen,
Leicht wäre Schimpf dein einziger Gewinn.

Mit süßem Laute, wenn du sie erblickt,
Sollst du um Mitleid flehen,
Und also hebe an und sprich zu ihr:
„Es wünscht, o Herrin, Der mich zu Euch schickt,
Woll't Euch dazu verstehen
Und hört, was ihm Entschuld'gung scheint, von mir.
Zur Stell' ist Minne, die ob Eurer Zier
Ihn, wie sie will, bald so, bald so läßt schauen.
Drum, ließ sie ihn auch sehn auf andere Frauen,
Wißt dennoch: sonder Wanken blieb sein Sinn."

Sag' ihr: „O Herrin, also fest hing immer
Sein Herz an Euch in Treue,
Daß kein Gedanke Eurem Dienst entwich;
Früh war er Euer und war treulos nimmer."
Mißtraut sie dann aufs neue,
Berufe, daß es wahr, auf Minne dich,
Und endlich bitt' sie flehentlich und sprich:
Wenn's ihr beschwerlich sei, mir zu vergeben,
So heische sie von mir, nicht mehr zu leben,
Und sie wird sehn, ob ich gehorsam bin.

Und sag' dem Schlüssel zu des Mitleids Pforte,
Eh' du dem Sinn entrückt
(Denn zeugen kann er ja, daß ich im Rechte):
„Verweile mit der Holden hier am Orte,
Wenn dich mein Klang entzückt;
Sprich, wie ums Herze dir, von deinem Knechte.
Und so dein Flehen ihm Verzeihung brächte,
Gib heitren Blickes ihm die Friedenskunde."
O du mein edles Lied, brich auf zur Stunde
Und eile, Ehre ernten, zu ihr hin.

Kapitel 13

Nach der oben beschriebenen Erscheinung und nachdem ich bereits die Worte gesprochen, die Minne mir zu sprechen auferlegt hatte, begannen viele und mancherlei Gedanken mich zu bekämpfen und zu versuchen, ein jeglicher fast unabwendbar, unter denen vier zumeist die Ruhe des Lebens mir störten. Einer von diesen ließ sich also vernehmen: „Gut ist die Herrschaft der Minne; denn sie zieht den Sinn ihres Getreuen von allem ab, was bös ist." Ein anderer sprach also: „Nicht gut ist die Herrschaft der Minne; denn je mehr ihr Getreuer ihr zugetan ist in Treue, um so mühevollere und schmerzlichere Zustände muß er durchwandern."

Wieder ein anderer sagte: „Der Name Minne hat so süßen Klang, daß es mich bedünkt, ihre eigentümliche Wirkung könne in den meisten Dingen unmöglich anders sein als süß, sintemal die Namen den benannten Dingen folgen, wie geschrieben steht: `Nomina sunt consequentia rerum` (Die Namen sind die Folge der Dinge)." Der vierte endlich sprach: „Die Herrin, um derentwillen Minne dich also gebunden, ist nicht wie andere Frauen, daß sie so leicht von ihrem Herzen lasse." Und jeglicher bedrängte mich dermaßen, daß ich stand wie einer, der nicht weiß, welche Straße er einschlagen soll, der gehen möchte und ungewiß ist, wohin er sich wende. Und gedachte ich auch, einen ihnen gemeinsamen Weg zu suchen, d. h. auf dem sie alle zusammenträfen, nämlich, das Mitleid anzurufen und mich in seine Arme zu werfen, so erschien mir doch auch dieser Weg als ein mir sehr feindseliger. Und als ich mich in solchem Zustande befand, kam mir die Lust, einige gereimte Worte niederzuschreiben, und ich dichtete davon zur Stunde folgendes Sonett:

Von Minne sprechen all meine Gedanken,
Und doch ist so verschieden, was sie meinen.
Ihr zu gehorchen mahnen mich die einen,
Den andern scheint's die Torheit eines Kranken.

Der läßt voll Balsam neue Hoffnung ranken,
Ein andrer drängt und treibt mich oft, zu weinen,
So daß sie nur im Mitleidflehn sich einen,
Denn Furcht im Herzen macht sie alle wanken.

Drum weiß ich nicht, was mir zum Stoffe nütze.
Es drängt mich und ich weiß nicht, was zu sagen:
So find' ich tief mich in der Liebe Irren.

Und will ich jemals diesen Zwist entwirren,

Muß meine Feindin ich zu bitten wagen,
Die Herrin Mitleid, daß sie mich beschütze.

Kapitel 14

Nach diesem Kampfe zwiespältiger Gedanken geschah es, daß die holde Fraue sich an einem Orte befand, wo viele edle Frauen versammelt waren. Zu demselben Orte ward ich von einem Freunde geführt, der mir den allergrößten Gefallen zu erweisen vermeinte, wenn er mich dahin geleitete, wo so viele Frauen ihre Reize zeigten. Und ich, der ich kaum wußte, wohin ich geführt worden, und mich willig dem vertraute, der einen Freund zum äußersten Ziele des Lebens geleitet hatte, sprach zu ihm: „Warum doch sind wir zu diesen Frauen gekommen?" Er aber versetzte: „Auf daß ihnen würdiglich gedienet werde." Und die Wahrheit ist, daß sie sich versammelt hatten, um einer edlen Frau, die desselben Tages vermählt worden war, Gesellschaft zu leisten, damit sie, wie der Brauch unserer Stadt gebietet, bei Tisch an ihrer Seite säßen, wenn dieselbe zum ersten Male in der Wohnung ihres neuen Gatten speisete. So beschloß ich denn, damit ich meinem Freunde mich gefällig erwiese, zum Dienste der Frauen in seiner Gesellschaft zu bleiben; und kaum hatte ich den Entschluß gefaßt, da war es mir, als verspürte ich in mir ein wunderbares Zittern, das in meiner Brust an der linken Seite begann und sich schnell von da durch alle Teile meines Körpers verbreitete. Ich lehnte mich aber, um mir nichts merken zu lassen, an eine Malerei, die rings um das Zimmer lief; und weil ich dennoch fürchtete, es möchte jemand mein Erzittern wahrgenommen haben, erhob ich die Augen, blickte nach den Frauen und sah unter ihnen – die holde Beatrice. Alsobald erlagen meine Geister der Gewalt, die Minne gewann, da sie sich der edlen Herrin in solcher Nähe sah, dergestalt, daß von ihnen allen nur die Geister des Gesichts am Leben blieben. Und auch diese hatten ihre Werkzeuge verlassen müssen, weil Minne ihren Ehrenplatz einnehmen wollte, um die Bewundernswürdige zu sehen. Und ob ich gleich ein anderer war denn zuvor, so mußte ich gleichwohl gar sehr diese Geisterchen beklagen, die heftig jammerten und sprachen: „Wenn diese uns nicht hinausgeblitzt hätte aus unserer Behausung, so könnten wir noch dort sein wie andere unseresgleichen und das Wunder dieser Fraue betrachten." Viele aber jener Frauen, als sie meine Verwandlung inne wurden, begannen sich zu verwundern und spotteten mit der Holdesten meiner im Gespräche. Deshalb nahm mich der Freund wohlmeinend bei der Hand, zog mich hinweg aus dem Angesichte der Frauen und fragte mich, was mir sei. Nachdem ich ein wenig geruht hatte, und als die erstorbenen Geister wieder erstanden und die vertriebenen heimgekehrt waren in ihr Besitztum, sprach ich zu diesem meinem Freunde die Worte: „Mein Fuß hat an derjenigen Stelle des Lebens gestanden, über die hinaus keiner zu gehen vermag, ohne daß er die Absicht, zurückzukehren, aufgebe." Sodann schied ich von ihm und ging heim in das Kämmerlein der Tränen, wo ich weinend und beschämt also zu mir sprach: „Fürwahr, so der Fraue mein Zustand bekannt gewesen wäre, sie hätte nicht also mein Aussehen verspottet; vielmehr glaube ich, sie würde Mitleid mit mit haben." – Und während ich so weinte, beschloß ich, Worte zu sagen, in denen ich, an sie gewendet, die Ursache meiner Umwandlung berichtete und sagte, wie ich wohl wisse, daß solche Ursache nicht gekannt sei, und ich, wenn sie es wäre, glauben dürfe, daß mir das Mitleid anderer nicht fehlen werde. Und ich beschloß solches mit dem Wunsche, es möchten meine Worte ihr durch ein glückliches Ungefähr zu Ohren kommen. Darauf sprach ich folgendes Sonett:

Wenn Ihr mein Aussehn höhnt mit andren Frauen,
Bedenkt Ihr, Fraue, nicht, wie es geschehe,
Daß ich so ganz verwandelt vor Euch stehe,
Wenn meine Augen Eure Schönheit schauen?

O wüßtet Ihr's, – ich dürft' auf Mitleid bauen,

Durch das ich solcher Prüfung wohl entgehe;
Denn trifft mich Minne so in Eurer Nähe,
Erwacht ihr Kühnheit neu und solch Vertrauen,

Daß sie mir schlägt die Sinne, die verzagten,
Und tötet die und treibt von dannen jene,
Bis sie, Euch anzuschauen, bleibt allein.

Drum muß ich also ganz verwandelt sein,
Und doch nicht so, daß ich nicht das Gestöhne
Vernähme der gepeinigten Verjagten.

Kapitel 15

Nachdem jene Verwandlung mit mir vorgegangen war, erhob sich in mir ein starker Gedanke, der mich nur wenig verließ, ja mich fast unausgesetzt begleitete: „Da dein Aussehen so kläglich ist, wann du dieser Fraue nahe kommst – warum doch trachtest du immerdar, sie zu sehen? Siehe, wenn du von ihr befragt würdest, was wolltest du antworten, gesetzt, du hättest alle deine Kräfte frei, solange du antwortetest?" Und ihm erwiderte eine anderer demütiger Gedanke: „Ich würde ihr sagen: Sooft ich ihre bewundernswürdige Schönheit mir vorbilde, erwacht alsobald in mir ein Verlangen, sie zu sehen, von solcher Stärke, daß es alles in meinem Gedächtnisse tötet und vernichtet, was sich dagegen erheben könnte; und so halten die vergangenen Leiden mich nicht ab, ihren Anblick zu suchen." Von solchen Gedanken bewegt, beschloß ich, einige Worte zu sprechen, in denen ich, während ich mich darin bei ihr wegen solcher Leidenschaft entschuldigte, zugleich von dem etwas sagte, was mir in ihrer Nähe geschieht. Und ich sprach dieses Sonett:

Was in den Sinn mir komm', es stirbt dahin,

Wenn ich euch schaue, holder Edelstein,
Und Minne hör' ich, wenn ich nah Euch bin –
Sie ruft: „Fleuch, willst du nicht des Todes sein!"

Das Angesicht weist auf die Farbe hin
Des Herzens, das schutzlos vergeht in Pein;
Und wankt in des Entsetzens Rausch mein Sinn,
Scheint jeder Stein: „Stirb, stirb!" mir zuzuschrein.

Wer mich zu solcher Stunde sieht und letzt
Die angstvoll-bange Seele nicht, der sündigt;
Zeigt' er auch nur, er fühl' mit meiner Not

Erbarmen, das nur Euer Spott zersetzt
Des, was der sterbematte Blick verkündigt
Der Augen, die sich sehnen nach dem Tod.

Kapitel 16

Nachdem ich dieses Sonett gesprochen, kam mir die Neigung, abermals einige Worte zu sprechen, in denen ich noch vier Dinge über meinen Zustand sagen wollte, die, wie ich dafür hielt, von mir noch nicht offenbart worden waren. Das erste davon ist dieses, daß es mich oft betrübte, wenn mein Gedächtnis die Einbildungskraft veranlaßte, sich das vorzustellen, was Minne aus mir gemacht hatte; das zweite: Minne habe mich zu vielen Malen plötzlich so heftig bestürmt, daß nichts weiter vom Leben in mir zurückblieb als ein Gedanke, der von meiner Fraue sprach; das dritte, daß, wann ein solcher Kriegssturm der Minne auf mich geschah, ich fast gänzlich ohne Farbe davonging, um diese Herrin zu sehen, vermeinend, ihr Anblick würde vor solchem Überfall mich schützen, und uneingedenk dessen, was bei der Annäherung zu so adeliger Hoheit mir geschehen mußte; das vierte: wie solcher Anblick nicht nur keinen Schutz mir gewährte, sondern zuletzt auch noch das wenige mir übrige Leben in die Flucht schlug. Und so entstand das folgende Sonett:

Wie oft schon ist mir in den Sinn gekommen,
Welch dunkles Los mir Minne doch ersehen.
Dann faßt mich Gram, ich frage oft beklommen:
Weh mir, ist anderen das auch geschehen?

Denn Minne hat so schnell mich eingenommen,
Daß mir das Leben wollte schier vergehen.
Ein Lebensgeist nur bleibt, dem Sturm entkommen,
Weil er von Euch spricht, um mir beizustehen.

Dann zwing' ich mich und biete meine Kräfte
Auf, und zum Sterben matt, fast ohne Leben,
Will ich Euch sehn, Genesung darin finden.

Doch komm' ich eilends drauf zu Euch und hefte
Den Blick auf Euch, verspürt mein Herz ein Beben,
Das aus den Pulsen läßt die Seele schwinden.

Kapitel 17

Nachdem ich diese drei Sonette, in denen ich von meiner Fraue redete, gesprochen hatte, glaubte ich, da sie gleichsam die Erzähler meines ganzen Zustandes waren, ferner davon schweigen zu können und nichts weiter sagen zu müssen, indem ich genug offenbart zu haben vermeinte, auch wenn ich hinfort immerdar schweige und nicht weiter zu ihr spräche. Darum muß ich mich anschicken, einen neuen und würdigeren Stoff, als der bisherige war, zu behandeln. Und weil es ergötzlich sein wird, die Veranlassung hierfür zu vernehmen, so will ich diese berichten, so kurz ich immer vermag.

Kapitel 18

Wie schon vielen mein Aussehen das Geheimnis meines Herzen verraten hatte, so war auch einigen Frauen, die sich einst zu geselliger Lust zusammengefunden, dieses Herz recht wohlbekannt, weil jegliche von ihnen bei mehreren meiner Niederlagen gewesen war. Und als ich, wie vom Glück geführt, in ihrer Nähe vorüberging, ward ich von einer dieser edlen Frauen angerufen. Und diejenige, die mich gerufen, war von gar lieblicher Rede, also daß ich, als ich bei ihnen angekommen war und wohl sah, daß meine holde Fraue sich nicht unter ihnen befand, alsobald ein Herz faßte und sie grüßte und fragte, was ihnen beliebe. Der Frauen waren viele. Einige unter ihnen lachten gegeneinander, andere sahen mich an und erwarteten, daß ich spräche; andere redeten unter sich, und eine von diesen, indem sie nach mir die Augen wandte und mich bei Namen rief, sprach folgende Worte: „Zu welchem Ende liebst du diese deine Fraue, da du ihre Gegenwart doch nicht zu ertragen vermagst? Sag' es uns; denn der Endzweck einer solchen Liebe muß ein ganz neuer sein!" – Und nachdem sie also zu mir gesprochen hatte, zeigte sie gleich all den anderen durch ihre Mienen, wie sie meiner Antwort harreten. Da sprach ich zu ihnen folgendermaßen: „Liebe Frauen, der Endzweck meiner Liebe war vormals der Gruß jener Fraue, die ihr vielleicht meint, und in diesem Gruße lag meine Seligkeit und das Ziel aller meiner Wünsche. Aber seitdem es ihr gefallen, mir solchen zu verweigern, hat Minne, meine Gebieterin – dank sei ihr! – all meine Seligkeit in das gelegt, was mir nimmer verlorengehen kann." – Darauf begannen jene Frauen untereinander zu sprechen, und wie wir jezuweilen Wasser vermischt sehen mit schönem Schnee, so kam es mir vor, als hörte ich ihre Worte vermischt mit Seufzern hervorgehen. Und nachdem sie eine Zeitlang untereinander geredet, sprach auch zu mir jene, die zuerst mich angeredet, also: „Wir bitten dich, sage uns, wo ist diese deine Seligkeit?" Und ich erwiderte und sprach nur dies: „In den Worten, die meine Fraue preisen." – Darauf versetzte die, so mit mir sprach: „Wenn du Wahrheit geredet, so hättest du die Worte, in denen du zuvor deinen Zustand kundgetan, in anderer Meinung gesprochen." Da gedachte ich jener Worte und ging beschämt von ihnen und sprach zu mir selbst: „Da so große Seligkeit in den Worten ist, die meine Fraue preisen, warum doch ist meine Rede eine andere gewesen?" Und so beschloß ich, in Zukunft immerdar zum Stoffe meiner Rede nur das zu nehmen, was ein Lob jener Holdesten wäre. Vielmal gedachte ich dessen; aber es schien mir, als hätte ich zu Hohes erlesen für mein Vermögen, also daß ich es nicht wagte, einen Anfang zu machen. Und solcher Weise zögerte ich mehrere Tage, voll Verlangen, zu sprechen, und voll Furcht, zu beginnen.

Kapitel 19

Hiernach geschah es, daß, als ich einst auf einem Wege ging, zu dessen Seite ein sehr klares Bächlein floß, ein heftiger Drang zu singen mich überkam und ich auf die Art zu denken begann, in der es am besten geschehen möchte. Und ich erwog, daß es mir nicht zieme, anders von ihr zu reden, als indem ich zu andern Frauen in zweiter Person spräche, doch nicht zu einer jeden, sonder zu solchen allein, die von adeliger Gesinnung und nicht bloß Frauen dem Geschlecht nach wären. Und alsbald, sage ich, sprach meine Zunge, als wie von selber bewegt, und ich sang darauf eine Kanzone, welche anhebt: „Ihr Frauen, die ihre Kenntnis habt von Minne" usw.

Ihr Frauen, die ihr Kenntnis habt von Minne,
Zu euch will ich von meiner Fraue singen.
Nicht, daß ihr Lob mir könnte ganz gelingen,

Nein, nur der Seele Sturmflut zu beschwichten.

Ja, wenn ich ihrer hohen Tugend sinne,
Fühl' ich so süß Frau Minne mich durchdringen,
Daß ich, verzagte ich nicht am Gelingen,
Die Welt in ihrem Dienst würd' unterrichten,
Doch will ich auf solch stolzes Wort verzichten;
Ich könnte mich beschämend zaghaft zeigen.
Nur will ich ihren Adel nicht verschweigen
Und plaudernd, ihrer würdig nicht, berichten
Euch minniglichen Mägdelein und Frauen, –
Denn andren kann ich nimmer das vertrauen.

Ein Engel ruft in göttlichem Erkennen
Und spricht: „Herr, in der Welt hat sich erschlossen
Ein Wunderbildnis, einem Geist entsprossen,
Des Strahlen bis zu uns gen Himmel dringen."
Und dieser fleht – vollkommen sonst zu nennen –
Zu seinem Herrn, von Gnade reich umflossen:
„Den Heil'gen gib die Seele zum Genossen!"
Nur Mitleid will der Erde Hilfe bringen.
Gott hört der Fraue Preis und Lob erklingen
Und spricht: „Ihr Lieben, duldet noch im stillen,
Denn eure Hoffnung bleibt nach meinem Willen
Alldort, wo einer zagt, sie zu erringen,
Der einst der Hölle Volk wird offenbaren:
‚Ich sah die Hoffnung der verklärten Scharen'."

Im Himmel hoch ersehnt man sie mit Schmerzen.
Doch nun vernehmt von ihrer Tugend Prangen:
Will eine Frau des Adels Preis erlangen,
Geh' sie mit ihr; denn im Vorüberschweben
Mit Frost schlägt Minne die gemeinen Herzen,
Vereist in ihnen jegliches Verlangen.

Wer ihr ins Auge blickte sonder Bangen,
Würd' edel oder büßte ein das Leben.
Und wen sie würdig hält, den Blick zu heben
Zu ihr, wird ihre Macht bei sich gewahren;
Wer ihres Grußes Segen hat erfahren,
Wird demutsvoll vergessen und vergeben.
Noch größre Gnade wollte Gott ihr spenden:
Wer mit ihr sprach, der kann nicht elend enden.

Von ihr sagt Minne: „Wie denn ziert' auf Erden
Je ein Geschöpf so reiner Schönheit Wonnen?"
Sie blickt sie an und schwört: Gott hat ersonnen,
In ihr zu schaffen ein ganz neues Wesen.
Der Perle Schmelz sehn zur Gestalt wir werden
So recht, wie es für Frauen auserlesen.
Des Edelsten ist hier Natur genesen:
Erblickt in ihr der Schönheit hehrsten Segen!
Aus ihren Augen, wie sie sich bewegen,
Entspringt ein Heer von Minnes Flammengeistern,
Die dem, der sie erschaut, die Blicke meistern
Und tief hinein ins Herz zu dringen pflegen.
Und Minne seht ins Antlitz ihr sich malen,
Kein Blick hielt' lange stand in solchen Strahlen.

Mein Lied, ich weiß, du wirst mit Kunde gehen
Zu vielen Frau'n, wenn du zum Schluß gediehen;
Jetzt mahn' ich dich, der ich die Form verliehen
Von Minnes zartem, jungfräulichem Kinde,
Dort, wo du hinkommst, sollst du sagen, flehen:
„Zeigt mir den Weg! zu jener muß ich ziehen,
Von deren Preis all meine Zier entliehen."
Willst du nicht nutzlos in die Irre schreiten,
So laß du nicht zum Pöbel dich verleiten,
Laß offen, so du kannst, nur dann dich schauen,
Wenn du zu edlen Männern kommst und Frauen,

Die dich auf nächstem Pfad zum Ziel geleiten.
Zur Seite ihr wirst Minne du entdecken
Und, wie's geziemt, mit Huld bei ihr erwecken.

Kapitel 20

Nachdem diese Kanzone etwas verbreitet war unter den Leuten, kam ein Freund, der sie vernommen hatte, auf den Gedanken, mich zu bitten, daß ich ihm, was Minne sei, erkläre vielleicht weil er nach dem, was er vernommen, mehr von mir hoffte, als ich verdiente. Und da ich bedachte, daß es nach einer solchen Ausführung schön sein müsse, noch ein weniges von Frau Minne zu sagen, und erwägend, daß dem Freunde zu dienen sei, nahm ich mir vor, einige Verse zu machen, worin ich von Minne handelte, und machte darauf dieses Sonett:

 Minne und adlig Herz sind eins zu nennen,
Wie schon des Weisen Sprüche es uns lehren;
So wenig kann sich eins vom andern trennen,
Als das Vernünft'ge der Vernunft entbehren.

Natur macht Minne – lernt sie Liebe kennen –
Zur Herrin, und das Herz, drin einzukehren,
Zum Haus, um schlummernd Ruhe sich zu gönnen;
Die mag bald kurz, doch bald auch lange währen.

Die Schönheit drauf, in kluger Frau entfaltet,
Verlockt das Auge, daß im Herzensraume
Sehnsucht erwacht nach dem, was hold zu schauen.

Und oft geschieht's, daß drin so lang sie waltet,

Bis Minne es erweckt aus seinem Traume.
Und Gleiches tut ein wackrer Mann bei Frauen.

Kapitel 21

Als ich die obenstehenden Reime von Minne gesprochen, kam mir die Lust an, nun auch zum Lobe meiner Fraue einige Worte zu sagen, worin ich dartäte, wie durch sie Minne erwache und nicht bloß da erwache, wo sie zuvor schon schlummert, sondern wie sie auch da, wo sie als Vermögen noch nicht vorhanden ist, von jeder Fraue durch wunderbare Wirkung ins Dasein gerufen werde. Und darauf sang ich:

Ja, Minne wohnt in meiner Fraue Blicken:
So muß sich, wie sie anschaut, hold verklären,
Sich jeder, wo sie hingeht, zu ihr kehren,
Und grüßt sie, schlägt das Herze vor Entzücken.

Bleich muß sein Antlitz jeder niederbücken,
Ob seiner Mängel seufzend sich beschweren;
Von dannen fliehn, die Stolz und Zorn betören.
Helft mir sie preisen, Frau'n, mir will's nicht glücken!

Demut und jede süße Lust bewegen
Dem, der sie reden hört, so Herz wie Seele.
Drum fühlt, wer sie gesehen, tiefste Wonnen.

Ein Schimmer nur aus ihres Lächelns Sonnen
Raubt die Erinn'rung, wie er das erzähle!
Solch neues Wunder ist's, voll holdem Segen!

Kapitel 22

Wenige Tage nach diesem waren vergangen, da geschah es nach dem Ratschlusse des glorreichen Herrn, der selber einst den Tod nicht verschmäht hatte, daß derjenige, so der Vater war eines so großen Wunders, als wofür diese vortreffliche Beatrice wohl gelten mochte, aus diesem Dasein schied und wahrhaftiglich einging zur Herrlichkeit des ewigen Lebens. Und da ein solches Scheiden immerdar schmerzlich ist denen, so dahinten bleiben, wenn sie dem Heimgegangenen befreundet gewesen, und da es keine so innige Freundschaft gibt als die eines guten Vaters, die Fraue aber alle Güte im höchsten Grade besaß, und ihr Vater auch (wie viele glauben und wie die Wahrheit ist) gut war in hohem Grade, so ist offenbar, daß diese Herrin voll sein mußte des bitterlichsten Schmerzes. Nun geschah es, daß, wie es Brauch ist in obenerwähnter Stadt, Frauen mit Frauen und Männer mit Männern dort zusammenkamen, wo Beatrice jämmerlich weinte. Als ich einige Frauen von ihr zurückkommen sah, hörte ich sie sprechen von der Holdesten und von ihrem Wehklagen, und darunter auch diese Worte, die sie sagten: „Gewißlich, sie weinte also, daß, wer sie gesehen, vor Mitleid sterben könnte." Hiermit wandelten sie vorüber; ich aber blieb in solcher Traurigkeit zurück, daß von Zeit zu Zeit eine Träne mein Angesicht befeuchtete. Ich verbarg solches aber, indem ich die Hände oft auf meine Augen legte. Und so ich nicht gehofft hätte, noch mehr von ihr zu vernehmen, da ich an einem Orte stand, an dem die meisten jener Frauen, die von ihr kamen, vorübergehen mußten, ich hätte, als solches Weinen mich befiel, ohne Weilen mich selber verborgen. Aber so blieb ich annoch an selbigem Orte, und noch andere Frauen wandelten nahe bei mir vorüber, die im Gehen also zueinander sagten: „Wer von uns darf jemals wieder fröhlich sein, nachdem wir diese Herrin so voll Jammers haben sprechen hören?" Nach ihnen kamen andere, und sie kamen also redend: „Jener, der dort steht, weint nicht mehr und nicht minder, denn als ob er sie gesehen hätte, wie wir sie gesehen." Andere endlich sprachen von mir und sagten: „Sehet, er scheint nicht mehr derselbe; so ist er verwandelt!" – So, während diese Frauen vorübergingen, hörte ich sie sprechen von mir und von ihr in der Weise, wie ich gesagt habe. Darum, als ich später dem nachdachte, beschloß ich, weil ich gerechten Grund dazu hatte, einige Worte zu sprechen und in solchen Worten alles zusammenzufassen, was ich aus dem Munde jener Frauen vernommen. Und weil ich sie gern befragt hätte, wenn es, ohne daß ich einen Verweis hätte befürchten müssen, möglich gewesen wäre, so stellte ich mir vor, als hätte ich sie befragt und als hätten sie mir Antwort gegeben, und nahm dies zum Stoffe meiner Rede. Und ich machte zwei Sonette, in deren ersterem ich in der Weise frage, wie ich Lust gehabt, es zu tun, in dem andern aber ihre Antwort erzähle, indem ich annehme, daß sie das, was ich von ihnen gehört, mir auf meine Frage zur Antwort entgegnet hätten. Und ich begann das erste: „Die ihr so demutvoll", das zweite: „Bist du's".

Die ihr so demutvoll die tränenschweren
Augen in Schmerzen senkt zur Erde nieder –
Von wannen kommt ihr? Das Gesicht strahlt wider
Des Jammers Farbe fremdem Leid zu Ehren!

Saht ihr die holde Fraue, wie in Zähren
Minne ihr Antlitz netzt' und ihre Lider?
Ihr Frauen, was mein Herz spricht, sagt mir's wieder,
Kein Tadel, seh' ich, könnte euch versehren.

Herrscht, wo ihr herkommt, Herzeleid und Grämen,
So wollet einen Augenblick mir geben!
Wie's ihr auch geh' – nicht soll euch Bangen lähmen –

Gesteht! Ich sehe doch, ihr weintet eben,
Kaum könnt den wehen Schmerz ihr ja bezähmen:
All das zu schauen, macht mein Herz erbeben.

Bist du's, der oft uns pflegte zu erzählen
Von unserer Fraue, wenn allein wir gingen?
Wie seine mag wohl deine Stimme klingen,
Doch die Gestalt, ganz anders, scheint zu fehlen.

Ach, warum weinst du so aus tiefster Seelen,
Daß deine Tränen uns zum Mitleid zwingen?
Sahst du, wie ihr die Augen übergingen,
Daß du der Seele Qual nicht kannst verhehlen?

Laß weinen uns, den Kummer uns ertragen!
Es wäre Sünde, uns mit Trost zu grüßen,
Wir hörten sie in ihren Tränen klagen.

Ihr Blick schien so viel Leiden zu umschließen,
Daß, wer sie recht betrachtet ohne Zagen,
Hinsinken würde tot zu ihren Füßen.

Kapitel 23

Wenige Tage nach diesem ereignete es sich, daß ich an einem Teile meines Körpers von einer schmerzhaften Krankheit befallen ward, von der ich viele Tage unausgesetzt die bittersten Qualen erlitt, die mich so von Kräften brachten, daß ich erliegen mußte, wie einer, dem die Bewegung seiner Glieder versagt ist. Aber am neunten Tage, als ich eben einen fast unerträglichen Schmerz empfand, kam mir ein Gedanke, und es war der meiner Fraue. Und als ich eine Zeitlang ihrer gedacht hatte und dann in Gedanken zurückkehrte auf mein hinfälliges Leben und erkannte, wie flüchtig seine Dauer sei, auch bei guter Gesundheit, begann ich über solches Elend in mir zu weinen und sagte tiefaufseufzend zu mir selber: „Auch die holdselige Beatrice muß notwendig einst sterben!" Und also außer mich geriet ich darob, daß ich die Augen schloß und, einem Wahnsinnigen gleich, mich zu zerarbeiten begann. Da hatte ich folgendes Gesicht: Zuerst, zu Anfange der Verirrung, in die meine Phantasie geraten war, erschienen mir Frauenbilder mit zerrauften Haaren, die zu mir sprachen: „Du wirst auch sterben!" Und nach diesen erschienen mir andere Frauenbilder, erschrecklich und grauenvoll anzuschauen, welche zu mir sagten: „Du bist gestorben." Also begann das Irrsal meiner Phantasie, und bald war es dahin mit mir gekommen, daß ich nicht mehr wußte, wo ich war. Und mich dünkte, ich sähe Frauen, die mit aufgelösten Locken, weinend und zum Verwundern betrübt, des Weges wandelten, und es verdunkele sich, weil die Erde in ihren Tiefen erbebte, die Sonne, also daß die Sterne in einer Farbe sichtbar wurden, die mich glauben ließ, sie weineten. Und indem ich über solches Gesicht mich verwunderte und entsetzte, bildete ich mir ein, einen Freund zu sehen, welcher käme und zu mir sagte: „Nun, weißt du nicht? Deine bewunderungswürdige Fraue ist aus dieser Zeitlichkeit hinweggegangen!" Da hob ich gar jämmerlich an zu weinen, und weinte nicht bloß in der Einbildung, sondern weinte mit den Augen, sie in wahrhaften Tränen badend. Alsdann blickte ich, wie ich mir einbildete, gen Himmel, und es war mir, als sähe ich eine Schar von Engeln, die nach oben zurückkehrten und vor sich ein lichtweißes Wölkchen hätten. Und der Gesang dieser Engel dünkte mich überherrlich, und ich glaubte die Worte zu vernehmen, die wie `Osanna in excelsis` (Hosianna in der Höhe) klangen; sonst aber vernahm ich nichts weiter. Darauf schien es mir, als ob das Herz, in dem so große Minne wohnte, zu mir spräche: „Wahr ist es, unsere Fraue liegt gestorben!" und es war mir, als ging' ich deshalb, den Leib zu sehen, in welchem diese hohe und selige Seele einst gewohnt hatte. Und so groß war die Macht meiner irren Phantasie, daß sie mich die tote Herrin sehen ließ und daß es mir vorkam, als ob Frauen sie, daß heißt, ihr Haupt mit einem weißem Schleier bedeckten. Und eine also große Demut lag über das

Gesicht der Toten verbreitet, daß es war, als ob sie sagte: „Ich bin daran, den Anbeginn des Friedens zu schauen." Unter diesen Gesichten und bei solchem Anblicke ward ich so demütig gestimmt, daß ich dem Tode rief und sprach: „O süßester Tod, komm zu mir und sei mir nicht grausam; denn du mußt adligen Wesens sein, da du an solcher Stätte gewesen. Nun denn, komm zu mir, denn sehr begehre ich dein. Und du siehest es; denn ich trage bereits deine Farbe." – Und als ich alle die schmerzlichen Gebräuche, die den Leichnamen Verstorbener zu geschehen pflegen, erfüllt sah, war es mir, als kehrte ich heim in meine Kammer und als schaute ich hier empor zum Himmel. Und also lebhaft war meine Einbildung, daß ich weinend und mit wahrhaftiger Stimme ausrief: „O schöne Seele, wie selig ist, wer dich siehet."

Und als ich diese Worte unter schmerzlichem Tränenschluchzen sprach und den Tod rief, daß er zu mir käme, hob ein junges und edles Fräulein, das meinem Bette zur Seite stand, dafürhaltend, mein Schluchzen und meine Worte kämen bloß von dem Schmerze der Krankheit, in großer Angst zu weinen an. So geschah es, daß die andern Frauen, die in dem Gemach umher waren, durch das Weinen, das sie an jener sahen, meiner und meines Weinens inne wurden. Darum hießen sie dieselbe, die mir durch nächste Blutsverwandtschaft verbunden war, von meinem Lager hinweggehen und traten zu mir heran, um mich zu wecken, weil sie meinten, ich träumte, und sprachen: „Schlafe nicht mehr und sei getrost!" Und indem sie also zu mir redeten, siehe, da war alles vorüber, eben als ich sagen wollte: „O Beatrice, gesegnet seiest du!" – Und schon hatte ich gesagt: „O Beatrice –", da fuhr ich erschrocken empor und öffnete die Augen und sah, daß ich betrogen war. Und wiewohl ich jenen Namen gerufen, war dennoch meine Stimme so vom Schluchzen des Weinens gebrochen, daß die Frauen ihn nicht vernehmen konnten, wie ich glaube. Und obgleich ich nun erwacht war und gar sehr mich schämte, wandte ich mich dennoch, weil Minne mir solches riet, nach ihnen um. Und wie sie mich sahen, begannen sie: „Dieser gleicht einem Toten", und sagten dann untereinander: „Lasset uns Sorge tragen, daß wir ihm Mut zusprechen!" Darnach sagten sie mir denn vieles, um mich zu ermutigen, und fragten mich mehrmals, wovor ich mich also gefürchtet. Als ich mich nun ein wenig wieder beruhigt hatte, da ich erkannte, wie arg meine Einbildungskraft mich betrogen, antwortete ich ihnen: „Ich will euch sagen, was ich gehabt habe." Darauf berichtete ich vom Anfange bis zum Ende und erzählte ihnen, was ich gesehen hatte, indem ich nur den Namen jener Holdseligsten verschwieg. Nachher, von meiner Krankheit genesen, beschloß ich, über das, was mir begegnet war, in Reimen zu sprechen; denn ich meinte, es müsse wohl ein lieblich Ding sein, solches zu vernehmen. Und so sang ich davon diese Kanzone:

Ein liebreich Mädchen und von jungen Jahren,
Geziert mit aller Anmut, war mir nahe,
Wo ich den Tod vielfältig rief zu kommen.
Da sie den Jammer nun sich offenbaren
Im Aug' und in den eitlen Worten sahe,
Fing sie zu weinen an, heftig beklommen.
Die andern Frauen, welche wahrgenommen
An ihr, dir mit mir weinte, was geschehen,
Hießen zurück sie stehen,
Damit ihr Zuspruch sich um mich vereine.
„Erwache!" sprach die eine;
Und eine sprach: „Was hat dich überkommen?"
Da ließ ich bald die Phantasie verwehen
Und wollte rufend zur Geliebten flehen.

Die Stimme war vom Weinen so zerrüttet,
So kläglich, daß sie unvernommen bliebe,
Und mir im Herzen bloß der Nam' erklungen.
Und wiewohl von Beschämung überschüttet
Mein Angesicht mir war, ward ich von Liebe,
Mich ihnen zuzuwenden, doch gedrungen.
Solch eine Blässe hielt es ganz umschlungen,
Daß jene mußten mich wie tot betrachten.

Laßt ihn nicht trostlos schmachten!
So baten sie einander oft demütig.
Und fragten mich wehmütig:
„Was sahest du, das deinen Mut bezwungen?"
Und als die Kräft' ein wenig mir erwachten,
Sagt' ich: Wollt auf mein Wort, ihr Frauen, achten.

Derweil ich dachte an die flücht'ge Dauer
Des Lebens, und wie bald es kann erkranken,
Wehklagte Minn' in ihren Herzens-Weiden.
Darob ward meine Seele so voll Trauer,
Daß sie mit Seufzern sprach in den Gedanken:
Wohl sicherlich muß meine Fraue scheiden.
Da übermannte mich ein solches Leiden,
Daß mir das Licht der Augen wollt' ersterben
Und alles sich entfärben;
Und wie so meine Lebensgeister, irrend,
In Träumen sich verwirrend,
Nicht ferner Wahrheit konnten unterscheiden,
Erschienen Frau'n, die sagten mir mit herben
Gebärden: „Du bist tot; auch du wirst sterben."

Dann schreckte mit viel zweifelhaften Dingen
Das eitle Wähnen, welches mich befangen.
Ich sah mich wie von fremder Stätt' umschlossen,
Wo Frauen wild-verstört vorübergingen:
Die klagten weh und schlugen Brust und Wangen,
So daß die Flammen der Betrübnis schossen.
Dann war mir, als ob Dunkel, ausgegossen,
Die Sonn' umhüll', und das Gestirn erscheine,
Und dies wie jene weine;
Als fiel' Gefieder, das in Lüften schwebte,
Und der Erdkreis erbebte;
Und bleich und heiser red'te der Genossen
Mich einer an: „Wie? Weißt du noch nicht? Deine

Geliebte starb, sie, die so schön wie keine."

Wie ich mein trängebadet Aug' erhoben,
Sah ich – sie schienen Flocken gleich von Manna –
Die Engel, die empor zum Himmel stiegen.
Ein Wölklein ward vor ihnen hergeschoben;
Demselben riefen alle nach: „Hosanna!"
Und andres hört' ich nicht im Aufwärtsfliegen.
Doch Minne sprach: „Es sei dir nicht verschwiegen;
Komm mit, wo unsre Herrin abgeschieden."
Und ich ward hinbeschieden
Vom Wahn des Traums, die Tote anzuschauen.
Sie war umringt von Frauen,
Die wollten einen Schleier um sie schmiegen;
Und wahre Demut wohnt' ihr bei hienieden,
Daß sie zu sagen schien: „Ich ruh' in Frieden."

Gar demutsvoll ward ich in meinen Schmerzen,
Da ich in ihr die Demut sah so milde,
Und sagte: „Tod! Du bist süß ohnegleichen;
Du wirst fortan ein lieblich Ding dem Herzen,
Dieweil du warst in diesem holden Bilde,
Und Mitleid ist, nicht Zorn, in deinen Streichen.
Komm! Sieh mich vor Verlangen schon erbleichen,
Bald dein zu werden, weil das Herz sich mühte
Zu tragen deine Blüte."
Dann ging ich fort, die Trauer ganz verschwunde,
Und als ich einsam stunde,
Sagt' ich, gewendet zu den hohen Reichen:
„Glückselig, wer dich sieht, du schön Gemüte!"
Da eben rieft ihr mich, Dank eurer Güte.

Kapitel 24

Nach diesem trügerischen Gesichte geschah es eines Tages, daß ich, gedankenvoll irgendwo sitzend, inne ward, wie in meinem Herzen ein Zittern anhob, gleich als hätte ich vor meiner Fraue gestanden. Da, sage ich, kam mir ein Gesicht von Minne und mich dünkte, ich sähe sie herankommen von da, wo meine Fraue sich befand, und als sagte sie freudiglich zu mir in meinem Herzen: „Denke, den Tag zu segnen, da ich dich zu meinem Gefangenen gemacht; denn dir geziemt, also zu tun!" – Und fürwahr, sie schien mir ein so freudiges Herz zu haben, daß es mir gar nicht mehr wie mein Herz vorkam in seinem neuen Zustande. Und bald nach diesen Worten, die das Herz zu mir mit Minnes Zunge gesprochen, sah ich herankommen gegen mich eine edle Frau von vielgepriesener Schönheit. Sie war schon lange Zeit umworben von jenem meinem ersten Freunde, und ihr Name war Johanna, obwohl ihr daneben wegen ihrer Schönheit, wie man glaubt, der Name „Frühlingsschimmer" gegeben worden war und sie also genannt ward. Und hinter ihr sah ich, als ich dahin blickte, die bewunderswürdige Beatrice kommen. In solcher Weise, eine hinter der andern, gingen diese Frauen an mir vorüber, und es war, als spräche Minne mir im Herzen und sagte: „Jene erste ist Frühlingsschimmer genannt bloß um dieses Kommens willen heute; denn ich selber habe den Namengeber vermocht, sie also Frühlingsglanz zu nennen, was soviel ist, als: sie wird früher erscheinen an dem Tage, da Beatrice nach dem Traumgesichte ihres Getreuen diesem sich zeigen wird. Und wenn ich daneben ihren ersten Namen betrachte, so will er ebensoviel sagen als dieser; denn der Name Johanna kommt von jenem Johannes, der dem wahrhaften Lichte vorausging, wie er selbst sagt: `Ego vox clamantis in deserto; parate viam domini` (Ich bin die Stimme eines Rufenden in der Wüste; bereitet den Weg des Herrn)." – Auch noch dieses sagte sie, wie mir vorkam: „Und wer mit Scharfsinn dieser Beatrice Wesen bedächte, der würde sie Minne nennen wegen der großen Ähnlichkeit, die sie mit mir hat." Als ich dies alles später aufs neue erwog, beschloß ich, in Reimen an meinen ersten Freund zu schreiben, gewisse Worte jedoch zu verschweigen, die, wie mich deuchte, verschwiegen werden mußten, da ich glaubte, sein Herz schaue noch unverwandt auf die Schönheit dieser edlen Johanna.

Und ich sang dieses Sonett:

Ich fühlte, wie in meiner Brust entglommen
Der Minne Geist und aus dem Schlaf erwachte,
Sah Minne dann von fernher zu mir kommen
So heiter, daß ich ihrer kaum gedachte.

„Die Ehre mein soll dir nun einzig frommen!"
Sprach sie und jedes ihrer Worte lachte.
Indem ich so den Weg, den sie genommen,
Mit meiner Herrin weilend, still betrachte,

Sehe ich: Hanna erst, dann Bice kamen
Gleich Bildern in des Wunders holdem Scheine
Dorthin, wo just ich stand. Und ich entsinne

Mich Minnes Worten noch genau: „Mit Namen,"
Sprach sie zu mir, „heißt Frühlingsglanz die eine,
Die andere, weil mir ähnlich, heißet Minne."

Kapitel 26

Die holde Fraue, von der im vorhergehenden gesprochen worden, war zu solcher Gunst bei den Menschen gelangt, daß, wann sie des Weges ging, die Leute herbeieilten, um sie zu sehen, was mich immer mit wunderbarer Freudigkeit erfüllte. Und wem sie nahe war, in dessen Herz kam solche Ehrenhaftigkeit, daß er es nicht wagte, die Augen zu ihr emporzuheben, noch ihr Grüßen zu erwidern. Und solches, so es keinen Glauben fände, könnten mir viele, die es selbst erfahren, bezeugen. Bekränzt und umkleidet mit Demut wandelte sie dahin und zeigte keinen Stolz über das, was sie sah und vernahm. Viele sagten, wann sie vorüber war: „Diese ist kein Weib; sie ist einer der schönsten Engel des Himmels!" Andere sagten: „Diese ist ein Wunder! Gesegnet sei der Herr; denn wunderbarlich sind seine Werke!" – Ich sage, sie zeigte sich so adelig und so voll jeglicher Anmut, daß, wer sie betrachtete, eine tugendliche und wonnesame Süßigkeit in sich empfand, also daß er es nicht auszusprechen wußte; keiner aber war, der sie betrachten konnte, ohne allererst seufzen zu müssen. Solche und andere noch staunenswürdigere Dinge gingen von ihr aus wunderbar und kräftiglich.

Als ich dessen gedachte und der Wunsch mir kam, den Griffel ihres Lobes von neuem aufzunehmen, beschloß ich, Worte zu sagen, in denen ich ihre wundersamen und außerordentlichen Wirkungen zu verstehen gäbe, auf daß nicht bloß jene, die sie mit Augen sehen konnten, sondern auch andere von ihr das erführen, was ich davon in Worten begreiflich machen kann, und darauf sprach ich folgendes Sonett:

So edel weiß und züchtig sich zu geben
Die Fraue mein, daß ihres Grußes Neigen
Die Zunge lähmt: erzitternd muß sie schweigen.
Kaum wagt den Blick man zu ihr aufzuheben;

Voll Demut sieht man sie von dannen streben,
Vernimmt sie Worte, die ihr Lob bezeigen.
Vom Himmel mocht' sie wohl herniedersteigen –
Ein Wunderwerk erstand in ihr zum Leben.

Hold scheint sie jedem, wer sie auch betrachte,
Vom Auge muß zum Herzen Wonne quillen.
Wer's nicht erlebt, der kann es nicht begreifen.

Von ihrem Angesicht scheint zu entschweifen
Ein Geist, mit Minne-Sehnsucht uns zu füllen,
Der immer zu der Seele flüstert: „Schmachte!"

Kapitel 27

Ich sage, diese meine Herrin war zu solcher Gunst gelangt bei den Menschen, daß nicht sie allein geehrt ward und gepriesen, sondern daß um ihretwillen auch viele andere Frauen Preis und Ruhm empfingen. Da ich solches nun sah und es denen zu offenbaren begehrte, die es nicht sahen, entschloß ich mich, abermals einige Worte zu sprechen, in denen dies angedeutet würde, und sprach darauf folgendes Sonett:

Den Inbegriff sieht aller Seligkeiten,
Wer meine Fraue sieht mit andern Frauen;
Und Pflicht ist's jedem, der sie darf begleiten,
Voll Dank an Gottes Gunst sich zu erbauen.

So kraftvoll ist ihr Reiz zu allen Zeiten,
Daß nie mit Neid die andern auf sie schauen,
Sie weiß sie gar mit auf den Weg zu leiten
Zu Züchten, treuer Liebe und Vertrauen.

Ihr Anblick läßt in Demut jeden sinken,
Und nicht auf sie nur die Bewund'rung lenken;
Preis sollen alle ja durch sie empfangen:

So licht ist ihrer Tugend holdes Blinken.

Und keiner kann der Fraue mein gedenken,
Der nicht erseufzt in minnigem Verlangen.

Kapitel 28

Nach diesem begann ich eines Tages über dasjenige nachzudenken, was ich von meiner Fraue in diesen zwei vorausstehenden Sonetten gesagt hatte, und da ich bei solchem Nachdenken erkannte, wie ich von dem noch nicht gesprochen, was sie gegenwärtig in mir wirkte, und mir das ein Mangel schien, so nahm ich mir vor, einige Worte zu sprechen und zu sagen, wie ich glaubte für ihre Einwirkung empfänglich zu sein, und wie ihre Kraft in mir sich wirksam erwiesen. Und weil ich dafür hielt, daß ich dies alles nicht in der Kürze eines Sonetts würde erzählen können, so begann ich folgende Kanzone:

So lang schon hat Frau Minne gefangen
Und mich gewöhnt, treu wie ein Knecht zu minnen,
Daß sie, die einst mir Strenge mußt' beginnen,
Im Herzen mild zu hausen angefangen.
Denn ist durch sie mir alle Kraft vergangen,
Daß, scheint's, die Lebensgeister all entrinnen,
Dann fühl' ich in der matten Seele drinnen
Solch Lust, daß jäh erbleicht Gesicht und Wangen.
Dann fühl' ich Minne sich so kraftvoll regen,
Daß meine Seufzer stammelnd von mir gehen,
Die Fraue mein anflehen,
Daß mehr noch mich beglücke all ihr Segen.
So geht es, wo ihr Blick mir auch begegnet –
Und ist so reich mit Demut doch gesegnet.

Kapitel 29

Quomodo sola sedet civitas plena populo; facta est quasi vidua domina gentium.

(Wie liegt die Stadt so wüste, die voll Volks war! Sie ist eine Witwe geworden, die Fürstin der Völker.)

Noch dachte ich auf die Ausführung dieser Kanzone und hatte davon die eben niedergeschriebene Stanze vollendet, als der Herr der Gerechtigkeit die holde Fraue zu sich rief, auf daß sie einginge zur Herrlichkeit unter der Fahne Marias, der gebenedeiten Königin, deren Name in tiefster Ehrerbietung von dieser seligen Beseligerin (Beatrice) genannt ward. Und wiewohl es vielleicht gefallen möchte, wenn ich jetzt einiges über ihren Hinweggang von uns bemerkte, so ist es doch nicht meine Absicht, dies hier zu tun, aus dreierlei Gründen. Zuerst, weil es nicht zu meinem gegenwärtigen Vorhaben gehört, wie zu ersehen, wenn wir das Vorwort betrachten, das diesem Büchlein voransteht; sodann, weil, wenn es auch in meinem Vorhaben läge, meine Feder dennoch nicht hinreichen würde, um, wie sich's ziemt, davon zu handeln; zum dritten endlich, weil, ob auch beides wäre, es mir nicht zukommt, davon zu reden, darum, weil ich, wenn ich es täte, mein eigner Lobredner werden müßte. Solches aber bringt allzumal Tadel dem, der sich dessen unterfängt, und somit überlasse ich dies andern Berichtenden. Da jedoch in dem vorhergehenden die Zahl Neun oftmals eine Stelle gefunden, so daß es scheint, dieselbe sei nicht ohne Bedeutung, und da die gedachte Zahl insbesondere bei ihrem Hinweggange eine solche Bedeutung gehabt zu haben scheint, so muß ich davon einiges sagen, weil dies mit meinem Vorhaben sich wohl verträgt.

Und so werde ich zuerst sagen, in welcher Art jene Zahl bei ihrem Hinweggange in Erscheinung getreten, und dann einige Gründe angeben, warum sie ihr also freundlich gewesen.

Kapitel 30

Ich sage denn dieses: Nach italienischer Zählung war es in der ersten Stunde des neunten Monatstages, daß ihre herrliche Seele von hinnen ging, und nach syrischer Zeitrechnung schied sie im neunten Monde des Jahres, indem der erste Mond, Theschrin, den Syrern das ist, was uns der Oktober; nach unserer Zeitrechnung endlich starb sie in dem Jahre des Herrn, mit welchem in dem Jahrhunderte, worin sie der Welt gegeben wurde, die vollkommene Zahl neunmal erfüllt war. Sie war aber eine Christin des dreizehnten Jahrhunderts. Daß dies alles nun bei ihr zusammentraf, davon könnte ein Grund dieses sein: da es nach Ptolemäus und dem wahren christlichen Glauben neun bewegliche Himmel gibt, und da diese Himmel nach astrologischer Bestimmung, jeder seiner Beschaffenheit gemäß, gemeinsam auf die Erde einwirken, so war jene Zahl ihr freundlich, indem durch sie angezeigt ward, daß bei ihrer Zeugung alle neun Himmel zusammenstimmten. Dies ist der eine Grund. Aber scharfsinniger erwogen und nach der untrüglichen Wahrheit, war diese Zahl sie selbst. Ich spreche gleichnisweise und verstehe dies so: Die Zahl Drei ist die Wurzel der Neun, weil sie, ohne eine andere Zahl, durch sich selbst vervielfältigt, neun gibt, wie wir leichtlich sehen; denn dreimal drei ist neun. Wenn demnach die Drei allein für sich der Grund der Neun ist, der Urgrund aller Wunder aber für sich selber drei ist, nämlich Vater, Sohn und Heiliger Geist, welche drei sind und eins, so erhält diese Herrin die Zahl Neun zur Begleiterin, um zu verstehen zu geben, daß sie selbst eine Neun sei, das heißt ein Wunder, dessen Wurzel einzig und allein die wundervolle Dreieinigkeit ist. Scharfsinnigere würden vielleicht noch scharfsinnigere Gründe entdecken; dieses aber ist der, den ich entdeckt habe, und der mir am meisten gefällt.

Kapitel 31

Nachdem die adeligste Herrin aus dieser Zeitlichkeit geschieden, war die ganze obengenannte Stadt wie eine Witwe, beraubt aller ihrer Würde. Auch ich weinte in der verödeten Stadt und schrieb über ihren Zustand an die Fürsten der Erde, mit jenen Anfangsworten des Jeremias, Quomodo sola sedet, anhebend. Und ich sage dies, auf daß sich niemand verwundere, daß ich diese Worte oben als Eingang zu dem neuen Gegenstande, der nachher kommt, angeführt habe. Sollte mich jemand tadeln wollen, daß ich nicht auch die Worte niedergeschrieben, die auf jene angeführten folgen, so entschuldige mich der Umstand, daß es gleich anfangs meine Absicht gewesen, nicht anders als in gemeiner Landessprache zu schreiben; da nun aber die auf das Angeführte folgende Worte alle lateinisch sind, so würde es meinem Vorsatze entgegen gewesen sein, wenn ich sie beigeschrieben hätte. Und gleicher Meinung war auch, wie ich weiß, jener mein erster Freund, an den ich dies schreibe, daß ich ihm nur in der Landessprache schreiben möchte.

Kapitel 32

Als meine Augen nun eine Zeitlang geweint hatten und so ermüdet waren, daß ich durch sie meine Traurigkeit nicht mehr ausströmen konnte, gedachte ich mich derselben durch einige schmerzliche Worte zu entledigen und beschloß deshalb, eine Kanzone zu machen, in der ich weinend von ihr spräche, durch die ein so großer Schmerz der Zerstörer meiner Seele geworden, und ich begann: „Mein Auge hat, mißtrauernd mit dem Herzen" usw.

Mein Auge hat, mittrauernd mit dem Herzen,
Geduldet so viel Pein von langem Weinen,
Daß es erliegt den Leiden, die es schwächen;
Will ich besänftigen die wehen Schmerzen,
Die langsam mich zum Tod zu führen scheinen,
Muß ich durch Klagewort' das Schweigen brechen;
Und denk' ich dann, wie wohl mir's war, zu sprechen
Mit euch von meiner Herrin, edle Frauen,
Als sie noch lebte, in den schönern Tagen,
Mag ich es niemand sagen,
Mich edlem Frauenherz nur anvertrauen
Und künden jetzt von ihr in lauten Klagen,
Die ach! so jäh zum Himmel ist geschieden
Und Minne ließ mit mir im Leid hienieden.

Ja, Beatrice ward zum Reich erhoben
Des Himmels, wo die Engel haben Frieden.
Dort weilt sie und hat euch, ihr Frau'n, verlassen.
Nicht Siechtums Frost entraffte sie nach droben
Noch Glutgewalt, wie's andern ist beschieden;
Der Güte Übermaß, die ihr verliehen, –
Sie war's allein: Der Demut lichtes Glühen
Drang also stark bis zu des Himmels Stufen,
Daß Staunen drob erfaßt' den Herrn der Sphären
Und ihn ein süß Begehren
Ankam, solch großes Heil zu sich zu rufen.
So holt' er sie – nie wird zurück sie kehren!
Ja, er erkannte, daß dies schöne Leben
Nicht paßt zu diesem edlen Streben.

Aus ihrem schönen Leib anmutumflossen
Schied ihre edle Seele so von hinnen.
Weilt würdig nun in der Verklärten Reigen.
Wer, ihr gedenkend, Tränen nicht vergossen,
Hat niedren argen Sinn, ein Herz von Steine,

Und nimmer wird sich Güte in ihm zeigen.
Kein schlechter Geist kann sich so hoch versteigen,
Von ihr ein schwaches Bild nur zu erwerben;
Drum kann's ihn auch zum Weinen nicht bewegen.
Doch Trauer, Sehnsucht regen
Sich, ächzend und in Tränen hinzusterben,
Und jedem fehlt des Seelentrostes Segen,
Dem einmal der Gedanke aufgeglommen,
Was sie einst war und wie sie uns genommen.

Die Seufzer machen mir so Angst und Wehe,
Naht der Gedanke mir in düstrem Sinnen
An sie, die mir das Herze brach; und dachte
Ich an den Tod, den oft ich vor mir sehe,
Fühl' Sehnsucht ich nach ihm mich süß durchrinnen,
So daß der Wangen Farb' es wechselnd machte.
Wurzelt es fest, dieweil ich es betrachte,
So faßt mich solche Pein von allen Seiten,
Daß ich in Schmerz zusammenschaudernd zage
Und wohl in solcher Lage
Schamvoll vor Menschen flieh' in ferne Weiten.
Dann wein' vereinsamt jammernd ich und klage
Von Beatrice: „Schiedest du von hinnen?"
Und fühl' mich, rufend, neue Kraft gewinnen.

Der Tränen Schmerz, der Seufzer angstvoll Beben
Sprengt mir das Herz, wo ich auch einsam weine,
Daß jeden, der es sähe, Mitleid quälte.
Und wie sich drauf gestaltet hat mein Leben,
Seit meine Fraue einging zu dem Heile –
Ach, keine Sprache gibt's, die das erzählte.
Drum, Frau'n, wenn's auch an Willen mir nicht fehlte,
Nie könnt' ich, wie mir ist, in Worte fassen,
So qualvoll fühle ich mein Dasein schleichen,
Und allen Mut entweichen,

Daß jeder, scheint's, mir sagt: „Ich muß dich lassen!"
Sieht meine Lippen er zum Tod erbleichen.
Doch meine Fraue sieht, was mich betroffen,
Drum darf ich noch von ihr den Lohn erhoffen.

Mein Klagelied, geh weinend denn und suche
Die Frauen auf und Mägdelein, die linden.
Was deine Schwestern künden,
Hat Freude über sie stets ausgegossen!
Doch du, als Tochter meinem Gram entsprossen,
Geh, Trostlose, Zuflucht bei ihnen finden.

Kapitel 33

Nachdem diese Kanzone gesprochen war, kam zu mir einer, der nach jenem meinem ersten Freunde auf der Stufenleiter der Freundschaft zunächst meinem Herzen steht. Und derselbe war durch die Bande des Blutes so nahe mit jener Glorreichen verwandt, wie keiner sonst. Und im Laufe des Gespräches bat er mich, für ihn einige Reime auf eine verstorbene Dame zu machen; aber er verstellte seine Worte, auf daß es scheinen möchte, er spräche von einer andern, die in Wahrheit auch gestorben war. Da ich jedoch inne ward, daß er lediglich jene Gebenedeite meinte, versprach ich, zu tun, was seine Bitte von mir begehrte. So dachte ich denn der Sache nach und nahm mir vor, ein Sonett zu machen, worin ich ein weniges klagte, und dasselbe meinem Freunde zu geben, also daß es für ihn geschrieben schiene. Es hebt aber dieses Sonett an: „O kommt, wie usw."

O kommt, wie Huld und Mitleid es begehren,

Hört, edle Herzen, wie, um Trost verlegen,
Die Seufzer fliehend mir die Brust bewegen!
Und doch stürb' ich vor Gram, wenn sie nicht wären;

Ich müßte meinen Augen sonst wohl lehren
Und öfter, als mir gut ist, auferlegen,
Noch mehr zu weinen meiner Fraue wegen,
Auf daß des Herzen Leid verström' in Zähren.

Dann werdet ihr vernehmen, wie voll Sehnen
Sie nach der Herrin rufen, die geschieden
Zu einer Welt – wert, daß sie darin weile;

Vernehmen, wie sie schmähn das Sein hienieden
Im Namen einer Seele, die in Tränen
Sich ganz verlassen sieht von ihrem Heile.

Kapitel 34

Als ich dieses Sonett gesprochen hatte und nun bedachte, wer das war, dem ich, als für ihn verfertigt, es senden wollte, erschien mir solcher Dienst sehr arm und nackt für einen, der jener Glorreichen so nahe verwandt war. Darum machte ich, bevor ich ihm das Sonett übergab, zwei Stanzen einer Kanzone, von denen die eine wirklich in seinem Namen, die andere in dem meinigen sprach, jedoch so, daß, wer nicht mit Scharfsinn darauf achtet, glauben muß, sie seien beide, eine wie die andere, für einen gedichtet; aber wer sie mit schärferem Blicke ansieht, erkennt wohl, daß verschiedene Personen darin sprechen, indem die eine sie nicht „meine Fraue" nennt, wohl aber die andere, wie man sieht. Beides nun, diese Kanzone wie das voranstehende Sonett, händigte ich ihm ein und sagte ihm, es sei alles für ihn allein von mir gemacht. Die Kanzone beginnt: „Gedenk' ich, ach!"

Gedenk' ich, ach! – wie oft es auch geschehe –
Daß ich nie wiedersehen
Die Herrin soll, um die ich mich so quäle,
Umdrängt im Herz, sich häufend, Weh auf Wehe
Die schmerzensvolle Seele.
Dann ruf' ich: Seele, eil', ihr nachzugehen!
Denn all die Qualen, die du wirst bestehen
Noch in der Welt, drin schon so viel dich trafen,
Erwecken mir Gedanken, schwer und bange,
Daß ich den Tod verlange
Als einen stillen, süßen Ruhehafen.
Komm! ruf ich wie mit sanftem Liebeswerben;
Denn Neid erweckt mir eines Jeden Sterben.

Durch meine Seufzer geht in bangen Tönen
Ein Wehelaut der Klage:
Der Tod, er möge doch nicht länger säumen!
Auf ihn nur richtet sich mein ganzes Sehnen,
Seit aus der Erde Räumen
Die Fraue mein er stieß mit grimmem Schlage;
Denn ihrer Hulden Liebreiz seit dem Tage,
Da sie von hinnen schied aus unsern Blicken,
Ward geist'ge Schöne, herrlicher gestaltet,
Die durch den Himmel waltet,
Ein Minnelicht, die Engel zu entzücken,
Da deren Geist auch, scharf und so erhaben,
Bewundernd anstaunt ihrer Anmut Gaben.

Kapitel 35

An dem Tage, da eben ein Jahr erfüllt war, seit diese Herrin eine Bürgerin des ewigen Lebens geworden, saß ich und zeichnete, ihrer gedenkend, einen Engel auf ein paar Täfelein, und während ich so zeichnete, wandte ich die Augen und sah mir zur Seite einige Männer, denen mich höflich zu bezeigen die Pflicht gebot. Sie betrachteten meine Arbeit, und, wie mir nachher gesagt ward, hatten sie schon einige Zeit dagestanden, bevor ich ihrer ansichtig geworden. Als ich sie nun sah, erhob ich mich, grüßte sie und sprach: „Jemand anderes war soeben bei mir, und darum saß ich also in Gedanken." Sie entfernten sich darauf, und ich kehrte an meine Arbeit, das Zeichnen, zurück; und alsbald, während ich noch damit beschäftigt war, kam mir der Gedanke, ihr gleichsam zum Jahresgedächtnis einige Reime zu sprechen und sie an diejenigen zu richten, die soeben von mir gegangen waren. Und so sprach ich das Sonett, welches anhebt: „Der Fraue Bild hatt' meinen Sinn umfangen usw."

Der erste Anfang lautet also:

Der Fraue Bild hatt' meinen Sinn umfangen,
Der jüngst der Herr zu holder Tugend Lohne
Den Sitz beschert dort bei Mariens Throne
Und die zum Demut-Himmel eingegangen.

Der zweite so:

Der Fraue Bild hatt' meinen Sinn umfangen,
Um die Frau Minnes heiße Tränen rinnen,
Als sie, bemeisternd menschliches Beginnen,
Euch trieb, zu schauen, was ich angefangen.

Minne fühlt' sie in meinen Geist gelangen,
Erwachte im verstörten Herzen drinnen
Und sagte zu den Seufzern: „Geht von hinnen!"
Darob sind alle trauernd fortgegangen,

Entwichen meiner Brust in wehen Klagen
Mit einem Ton, davon zu vielen Malen
In Schmerzenstränen mir das Aug' geschwommen.

Doch ein'ge schrien im Drang der ärgsten Qualen:
„O edler Geist, heut ward in Nacht und Tagen
Ein Jahr, seit in den Himmel du gekommen!"

Kapitel 36

Darauf nach einiger Zeit stand ich einst irgendwo, der vergangenen Zeit gedenkend, in tiefem Sinnen und von schmerzlichen Erwägungen durchdrungen, dergestalt, daß mein Äußeres das entsetzlichste Verzagen kund tat. Als ich nun der Not meines Herzens inne ward, erhob ich die Augen, zu sehen, ob jemand mich gewahre. Da sah ich, daß eine edle Frau aus einem Fenster mich so mitleidvoll, dem Anscheine nach, betrachtete, daß es mir war, als sei alles Mitleid in ihr vereinigt. Und wiewohl Unglückliche oft, wenn sie das Mitgefühl anderer wahrnehmen, um so mehr sich gedrungen fühlen, zu weinen, gleich als wenn sie mit sich selber Mitleid hätten, so fühlte auch ich zu der Zeit, wie meine Augen anfingen, weinen zu wollen. Und aus Furcht, mein elendes Leben zu verraten, entfernte ich mich aus den Augen dieser Edlen und sagte darauf bei mir selbst: „Es kann nicht anders sein, bei dieser mitleidvollen Herrin muß die edelste Liebe wohnen!" Und so beschloß ich denn, ein Sonett zu machen, in welchem ich zu ihr spräche und alles, was ich soeben berichtet habe, in gleicher Weise zusammenfaßte. Und ich begann: „Es sah mein Aug'."

Es sah mein Aug' des Mitleids reichen Segen
In Eurem Angesicht sich offenbaren,
Als Miene und Gestalt Ihr klug erfahren
Betrachtet, die mein Leid zu künden pflegen.

Da, merkt' ich wohl, begannt Ihr zu erwägen
Die Dunkelheit in meines Lebens Jahren;
Und Furcht ergriff mich, durch den Blick den wahren
Schmachvollen Grund, die Schwäche, darzulegen.

Da fühlt' ich Tränen mir das Herze weiten
Und eilte fort, daß ich euch schnell entrinne,
Den wehen Eindruck Eures Anblicks hehle.

Und also sprach ich in betrübter Seele:
„Wohl ist bei jener Frau auch jene Minne,
Die hier mich läßt in solchem Jammer schreiten."

Kapitel 37

Nun geschah es, daß diese Frau, wo sie mich auch sah, mit mitleidigen Mienen und bleichem Antlitz, wie von Minne entfärbt, erfunden ward, wobei ich viele Male meiner trefflichsten Herrin gedachte, die sich mir immerdar mit der gleichen Farbe gezeigt hatte. Und oft fürwahr, wenn ich weder zu weinen noch sonst meiner Traurigkeit mich zu entledigen vermochte, ging ich, diese mitleidige Frau zu sehen, die durch ihren bloßen Anblick die Tränen aus meinen Augen hervorzuziehen schien. Und so kam mir die Lust, abermals einige Worte zu sprechen, indem ich zu ihr redete. Und ich sprach: „Der Minne Farbe."

Der Minne Farbe und des Mitleids Zeichen –
Nie mochten sie so wunderbar erscheinen
Im Antlitz einer Frau (die oftmals weinen
Und edle Augen sah, die keinesgleichen)

Wie in dem Euren, wenn in Schmerz erbleichen
Ihr mich vor Euch gewahrt, wo dann vor meinen
Gedanken wehe Bilder sich vereinen,
Und Furcht und Bangen in das Herz mir schleichen.

Nicht kann ich den verstörten Augen wehren,
Daß sie Euch nicht aufs neue stets betrachten,
Da sie nach Tränen wilde Sehnsucht nähren;

Doch Ihr laßt im Verlangen sie verschmachten
Und steigert nur von neuem ihr Begehren;
Denn sehn sie Euch – versiegen ihre Zähren.

Kapitel 38

Bald kam es mit mir dahin den öfteren Anblick dieser Frau, daß meine Augen anfingen, sich allzusehr zu ergötzen, wenn sie ihrer ansichtig wurden. Darob eiferte ich mich oft in meinem Herzen und erachtete mich für sehr verworfen und verwünschte häufig die Eitelkeit meiner Augen und sprach zu ihnen in meinen Gedanken: „Einst pfleget ihr zu Tränen zu rühren, wer euren schmerzlichen Zustand gewahrte, und jetzt, scheint es, wollt ihr dies vergessen um der Dame willen, die euch betrachtet, aber nur darum euch betrachtet, weil sie mit Betrübnis der ruhmreichen Herrin gedenkt, um die ihr zu weinen pfleget. Aber tut es nur, so viel ihr könnt; denn ich werde euch oft an sie erinnern, ihr verfluchten Augen; denn eure Tränen dürfen nicht eher zur Ruhe kommen als nach dem Tode." Und nachdem ich also bei mir selbst zu meinen Augen gesprochen hatte, bestürmten mich die schwersten und angstvollsten Seufzer. Und damit dieser Krieg, den ich mit mir kämpfte, außer dem Unglücklichen, der ihn in sich erfahren, auch andern nicht unbekannt bliebe, nahm ich mir vor, ein Sonett zu machen und in ihm diesen entsetzlichen Zustand zusammenzufassen, und ich sang dieses Sonett, welches lautet: „Die bittren Tränen."

Die bitt'ren Tränen, die ihr Augen beide
Vergossen habt in langen, langen Zeiten,
Zu Tränen mußt' es andre oft verleiten
Im warmen Mitgefühl mit fremden Leide.

Jetzt, scheint's, vergaßet ihr's, als ob ich meide
Ruchlos der Treue Pflicht von meiner Seiten,
Um euch den Grund dazu nicht zu bestreiten,
Da ich, um die ihr ruft, zurück bescheide.

Die Unbeständigkeit, die euch besessen,
Flößt mir Besorgnis ein und Furcht und Beben,
Wenn einer Frauen Blicke euch betrachten.

Ihr solltet nie, bis Tod euch raubt das Leben,
Der Fraue, die gestorben ist, vergessen! –
So spricht mein Herz in Seufzern und in Schmachten.

Kapitel 39

Indessen ward mir der Anblick dieser Frau abermals in so neuer Weise, daß ich ihrer oft gedachte als einer, die mir über die Maßen gefiel. Und ich gedachte ihrer also: „Sie ist eine adelige, schöne, junge und verständige Frau, und vielleicht auf Minnes Geheiß erschienen, auf daß mein Leben zur Ruhe komme." Und zu vielen

Malen geschah solches mit größerer Liebe, also, daß das Herz in sich, das heißt, in seinem Urteile beistimmte. Aber wenn ich solche Beistimmung hatte, erwog ich alles, wie auf Antrieb der Vernunft, aufs neue, und sagte bei mir selber: „Wehe, welch ein Gedanke ist das, der so nichtswürdiger Art mich trösten will und anderes mir nicht zu denken erlaubt?" – Darauf erhob sich wiederum ein anderer Gedanke; der sprach zu mir: „Dein Herzeleid ist so groß gewesen; warum doch willst du so herber Not dich nicht entziehen? Du siehest, dies ist ein Hauch, der uns der Minne Wünsche zuführt und von einem so preiswürdigen Orte kommt, als die Augen der Dame sind, die sich uns also mitleidig erwiesen hat." Als ich nun solchen Kampf zu verschiedenen Malen in mir bestanden hatte, wollte ich auch davon einiges sprechen, und weil in dem Kriege der Gedanken diejenigen gesiegt hatten, die zu der Frauen Gunsten gesprochen, so glaubte ich, es zieme sich, meine Worte an sie zu richten, und ich sprach ein Sonett, dessen Anfangsworte heißen: „Ein adliger Gedanke."

Ein adliger Gedanke oft sich findet
Bei mir, um mich von Euch zu unterhalten,
Ein süß Gespräch von Minne zu entfalten,
Daß er das Herz mit ihm zur Einheit bündet.

Die Seele spricht zum Herzen: „Wer doch kündet
Uns Trost nur, unsern Schmerz umzugestalten?
Gebietet er so mächtigen Gewalten,
Daß sich sonst kein Gedank' uns fest verbindet?"

Das Herz versetzt: „O Seele, gramdurchdrungen,
Dies ist ein neues Geisterchen der Minne;
Es meldet nur sein Wünschen mir und Streben.

Sein Leben ist, die Allmacht seiner Sinne,
Den Augen jener milden Frau entsprungen,
Die sich so härmt um unser Jammerleben."

Kapitel 40

Gegen diesen Widersacher der Vernunft erhob sich eines Tages in mir um die Stunde der None eine lebhafte Einbildung, die ich hatte. Denn ich glaubte jene glorreiche Beatrice in demselben blutfarbenen Gewande zu sehen, in dem sie zum ersten Male meinen Augen erschienen war. Und sie schien mir ganz jung, in dem gleichen Alter, in welchem ich sie zuerst gesehen. Da begann ich, ihrer zu gedenken, und indem ich mich der Vergangenheit nach der Folge der Zeit erinnerte, überkam mein Herz eine schmerzliche Reue wegen des Verlangens, von dem es frevlerweise sich gegen alle Stetigkeit der Vernunft einige Tage lang hatte beherrschen lassen. Und nachdem solch sündhaftes Verlangen ausgetrieben war, wendeten wiederum alle meine Gedanken sich ihrer holdesten Beatrice zu. Und ich sage, daß ich ihrer von dieser Zeit an mit beschämten Herzen also zu denken begann, daß die Seufzer es vielfältig offenbarten; denn fast alle sprachen bei ihrem Hervorbrechen das aus, wovon in meinem Herzen die Rede war, nämlich die Minne zu jener Holdseligsten und wie sie von uns geschieden. Und oftmals ereignete es sich, daß so viel Schmerzliches ein Gedanke in sich trug, daß ich seiner vergaß sowie des Ortes, wo ich war. Wie so die Seufzer wieder entbrannten, entbrannte auch das zuvor gelinderte Weinen wieder, dergestalt, daß meine Augen wie zwei Dinge waren, die nur zu weinen begehrten. Und oft geschah es, daß infolge eines lang fortgesetzten Weinens ein pupurfarbener Kreis sich um sie bildete, wie er zu erscheinen pflegt, wenn einem ein schweres Leid widerfährt; woraus erhellt, wie ihnen ihre Eitelkeit nach Verdienst vergolten worden. Und sie konnten seit dieser Zeit niemanden, der unverwandt auf sie blickte, so ansehen, daß er sie vermocht hätte, das gleiche zu tun. Weil ich nun wünschte, daß man sehe, wie solch sündiges Verlangen und alle eitle Versuchung zerstört sei, also daß die Reime, die ich früher gesprochen, weiter keinen Zweifel daran erwecken könnten, beschloß ich, ein Sonett zu machen, worin ich dies alles seinem Hauptinhalte nach zusammenfaßte. Ich sprach darauf: „Weh' mir! die Seufzer."

Weh' mir, die Seufzer, die hervorgegangen
Aus den Gedanken, die das Herz mir plagen,
Besiegten meine Augen; sie ertragen
Nicht mehr, an andrer Blicke festzuhangen.

Sie scheinen ein gedoppeltes Verlangen:
Zu weinen und von ihrem Schmerz zu sagen,
Und klagen so, daß sie an manchen Tagen
Im Schmuck von Minnes Opferkranze prangen;

Diese Gedanken, diese Seufzer leben
So angstvoll quälend mir im tiefsten Herzen,
Daß Minne schier erstarrt in wehen Leiden;

Denn ich sich tragen sie, die voller Schmerzen,
Der Fraue süßen Namen und daneben
Manch' Jammerworte über ihr Verscheiden.

Kapitel 41

Nach dieser Seelenangst und zu jene Zeit, wo viel unterwegs waren, um das gebenedeite Bild zu sehen, das Jesus Christus uns hinterlassen hat als ein Konterfei seines allerherrlichsten Antlitzes, zu dessen glorreichen Anschauen meine Fraue nunmehr gelangt ist, geschah es, daß mehre Pilgrime durch eine Straße fürbaß zogen, die fast inmitten jener Stadt ist, wo die holdseligste Fraue geboren ward, lebte und starb. Und sie zogen, wie mir vorkam, sehr nachdenklich vorüber. Ich aber bedachte ihre Weise und sagte bei mir selber: „Diese Pilgrime scheinen mir aus fernen Landen gekommen, und ich zweifle, daß sie schon von jener haben reden hören; ja, sicherlich wissen sie nichts von ihr, vielmehr sind ihre Gedanken bei andern Dingen als bei diesen hier, und sie gedenken vielleicht ihrer fernen Freunde, die wir nicht kennen." Darauf sprach ich zu mir selber: „Ich weiß, daß, wenn sie aus einem nahen Lande wären, ihr Anblick jetzt, da sie mitten durch diese Schmerzensstadt wandern, von einiger Betrübnis zeugen würde." Weiter sagte ich dann zu mir: „Könnt ich sie einige Zeit aufhalten, ich würde sie zum Weinen bringen, ehe denn sie aus dieser Stadt gegangen wären; denn ich würde zu ihnen Worte sprechen, die jeden zum Weinen bringen müßten, der sie vernähme." Als jene nun vorüber und mir aus den Augen waren, beschloß ich, ein Sonett zu machen und darin, was ich zu mir selber gesprochen hatte, zu offenbaren. Und auf daß es recht traurig erschiene, wollte ich so sprechen, als ob ich zu ihnen redete. So sagte ich denn das Sonett, welches anhebt: „Ihr Pilger."

Ihr Pilger, die ihr in Gedanken gehet
Vielleicht an etwas, das euch nicht vorhanden:
Komm ihr denn wirklich aus so fernen Landen,
Als denen nach der Tracht ihr ähnlich sehet?

Daß ihr nicht weint, da ihr inmitten stehet
Der wehevollen Stadt in Trauerbanden,
Als wärt ihr Leute, die noch nichts verstanden
Von der Beschwer, so über sie ergehet?

Wollt ihr verweilen, solches zu erfragen,
So sagt das Herz der Seufzer mir, und glaubet,
Daß ihr mit Tränen werdet weiterwandern.

Denn ihre Beatrice ist ihr geraubet,
Und Worten, die von ihr jemand kann sagen,
Wohnt Kraft bei, welche weinen macht die andern.

Kapitel 42

Darauf sandten zwei edle Frauen zu mir und baten mich, diese meine gereimten Worte ihnen zukommen zu lassen, und ich, der Trefflichkeit jener gedenkend, entschloß mich, also zu tun und daneben etwas Neues zu machen, was ich ihnen zugleich übersenden könnte, um so ihre Bitte in achtungsvoller Weise zu erfüllen. Und ich sprach hierauf ein Sonett, welches von meinem Zustande erzählt, und sandte ihnen dasselbe in Begleitung des vorhergehenden Sonetts und mit jenem anandern, welches beginnt: „O kommt, wie Huld" usw. Das Sonett aber, das ich damals machte, beginnt: „Jenseits der Sphäre."

Jenseits der Sphäre, die am weit'sten kreist,
Ein Seufzer aus dem Herzen schwebt; ihn zwingen
Erleuchtungswunder, sich emporzuschwingen,
Mit denen Minne ihn in Tränen speist.

Ist er am Ziel, das ihm sein Sehnen weist,
Dann sieht die Fraue er mit Ehr' umringen,
So lichten Glanz und Schimmer sie umschlingen,
Daß tiefes Staunen packt den Pilgergeist.

Er sieht sie so, daß die Beschreibung nimmer
Ich fasse; und er gibt dem Herz, dem wehen,
Das ihn ermuntert, Rätsel nur zu schauen.

Daß er die Holde meint, kann ich verstehen,
Denn Beatricens denkt er oft und immer.
Ja, das begreif' ich wohl, ihr lieben Frauen!

Kapitel 43

Nach diesem Sonett hatte ich ein wunderbares Gesicht, in welchem ich Dinge sah, die mir den Vorsatz eingaben, nicht mehr von dieser Gebenedeiten zu sprechen bis zu der Zeit, wo ich würdiger von ihr zu handeln imstande wäre. Und dahin zu gelangen, beeifere ich mich, so viel ich vermag, wie sie wahrhaftiglich es weiß. Und so darf ich denn, wenn es ihm, in welchem alle Dinge leben, gefällt, daß mein Leben noch einige Jahre dauere, hoffen, von ihr zu sagen, was von keiner jemals noch gesagt worden. Und dann möge es dem, der der Herr der Gnaden ist, gefallen, daß meine Seele von dannen gehen könne, zu sehen die Herrlichkeit ihrer Gebieterin, das ist, jener gebenedeiten Beatrice, welche glorreich schaut in das Antlitz Dessen,

```
    Qui est per omnia saecula

              benedictus.

         Amen.
```

Anmerkungen von Wikisource:

Die Kapiteleinteilung wurde von WS aus neueren Versionen des *Neuen Lebens* übernommen, und soll dem Leser einen besseren Überblick über die Erzählung geben.

Das fehlende Kapitel 25 wurde offenbar nicht in Albert Ritters Übersetzung mitaufgenommen.